Francisco Gálvez Ruiz

Dr. Yang Jwing-Ming

La esencia del
TAI CHI CHI KUNG

— La Salud y las Artes Marciales —

1994
Editorial Mirach, S. L.
Villaviciosa de Odón, 28670 MADRID (España)

ADVERTENCIA

El autor y editor de esta obra **NO SE RESPONSABILIZAN**, en modo alguno, de cualquier tipo de lesión que pudiera sobrevenir como consecuencia de la lectura o aplicación de las instrucciones incluidas en la misma.

Las actividades, físicas o de cualquier otra índole, descritas en este material podrían ser demasiado agotadoras o peligrosas para algunas personas; se recomienda a los lectores que consulten con su médico antes de ponerlas en práctica.

Portada:

Use la Raíz del Tai Chi para Alcanzar la Meta del Wu Chi.

Dr. Yang Jwing-Ming

Título original:
«**The Essence of Tai Chi Chi Kung**, Health and Martial Arts»

First Printing, 1990.

Traducido por Juan José Alonso Rey

Primera edición, Septiembre 1994
I.S.B.N.: 84-87476-60-0
Depósito Legal: M-26.217-1994

Impreso por Artes Gráficas COFAS, S.A.
Polígono Industrial Callfersa, Nave 8, Fuenlabrada (Madrid).

Pintado por Chow Chian-Chiu

Texto:

Cuentan que el taoísta Chang San-Feng, después de haber observado cómo una grulla luchaba con una serpiente, creó el Tai Chi Chuan, efectivo para prevenir enfermedades y alargar la vida. Yo llevo practicando Tai Chi durante muchas décadas y he comprobado la veracidad de este aserto.

日研太極
為常課
練到功深
自不知
八十高齡
心未老
登山訪勝
興無移
周千秋賦
梁粲纓書

Todos los días estudio Tai Chi como práctica regular.
He alcanzado el Kung Fu profundo, aunque sin darme cuenta.
A la avanzada edad de ochenta años, mi corazón no es viejo aún.
Escalar montañas y visitar lugares conocidos nunca ha dejado de interesarme.

Poema de Chow Chian-Chiu
Caligrafía de Leung Chen-Ying
Traducción del Dr. Yang Jwing-Ming

RECONOCIMIENTOS

Gracias a A. Reza Farman-Farmaian por la fotografía, Wen-Ching Wu por los dibujos, Michael Wiederhold por la composición, y John R. Redmond por los grabados y su diseño de la portada. Gracias también a David Ripianzi, James O'Leary, Jr., Jeffrey Pratt, Jenifer Menefee y a otros muchos miembros de YMAA por corregir las pruebas del manuscrito y por contribuir con valiosas deliberaciones y sugerencias. Gracias especialmente a Alan Dougall por su dirección, y mi más profunda gratitud a los artistas Chow Chian-Chiu y Chow leung Chen-Ying por el hermoso grabado y la caligrafía que aparece en la portada de este libro.

ACERCA DEL AUTOR

El Dr. Yang nació en Taiwan, República de China, en 1946. Inició su entrenamiento Gongfu/Wushu (o King Fu/Wushu), estilo Shaolin de la Grulla Blanca, a la edad de quince años con el maestro Cheng Gin-Gsao. A los dieciséis, el Dr. Yang comenzó el estudio del Yang Estilo Taijiquan (o Tai Chi Chuan) con el Maestro Kao Tao.

El Dr. Yang practicó Taiji con el Maestro Kao durante casi tres años. Durante este periodo aprendió el estilo Yang de la mano desnuda, la respiración Taiji y los ejercicios sobre la circulación Qi. Ese fue el principio de su consagración al Qigong (o Chi Kung). A través de sus prácticas de Taiji logró comprender los fundamentos del entrenamiento Qigong, sobre todo el ejercicio en posición sedente para la circulación menor (Xiao Zhou Tian).

A los dieciocho años, entró en la Universidad de Tamkang en Taipei Hsien para estudiar Física. Allí comenzó su estudio del Puño Largo estilo Shaolin (Schang Quan) con el Maestro Li Mao-Ching, al mismo tiempo que progresaba en su entrenamiento de Taiji con el Maestro Li. Posteriormente, también practicó y estudió con su compañero de clase Wilson Chen, quien estaba aprendiendo Taijiquan con uno de los maestros de Taiji más famosos en Taipei, el Maestro Zhang Xiang-San. Gracias a esos esfuerzos y al estudio continuado de los libros Taiji y Qigong, Yang y Chen lograron aumentar enormemente su conocimiento de las artes internas.

En 1971 el Dr. Yang finalizó sus estudios de Física en la National Taiwan University, y cumplió su servicio militar en las Fuerzas Aéreas chinas. Una vez licenciado, regresó a la Universidad de Tamkang para enseñar Física y reanudar sus estudios con el Maestro Li Mao-Ching.

En 1974, el Dr. Yang marchó a Estados Unidos para estudiar Ingeniería Mecánica en la Universidad de Purdue. Fundó el Club de Investigación Kung Fu chino en dicha universidad y enseñó cursos homologados en Taijiquan. En 1978 le fue otorgado el doctorado en Ingeniería Mecánica.

En 1980, el Dr. Yang se trasladó a Houston y trabajó para Texas Instruments. Durante su estancia fundó la Academia de Kung Fu Shaolin, al frente de la cual puso a un alumno suyo, Jeffery Bolt, al trasladarse a Boston en 1982. Mientras continuaba su carrera de ingeniería, Yang fundó la Yang's Martial Arts Academy (YMAA) el 1 de octubre de 1982 en Boston.

En Enero de 1984 abandonó su carrera de ingeniería para dedicar más tiempo a la investigación, a la escritura y a la enseñanza en Boston. El Dr. Yang también ha viajado a Francia, Irlanda, Italia, Inglaterra, Polonia, República Federal de Alemania y Suiza para compartir sus conocimientos en conferencias y seminarios. Ha escrito catorce libros y ha publicado seis cintas de video sobre el Qigong y las artes marciales. La organización ha continuado su expansión y, como el 1 de Julio de 1989, YMAA se ha convertido en una de las divisiones de Yang's Oriental Arts Association, Inc. (YOAA, Inc).

El Dr. Yang Jwing-Ming

PRÓLOGO

Desde que se introdujo la acupuntura china en el mundo occidental, tanto médicos como público en general han ido reconociendo y aceptando gradualmente la idea del Chi y su circulación por el cuerpo humano. Cada vez son más las personas de estos países que se someten a tratamientos de acupuntura o que experimentan con Chi Kung, y, a medida que hablan a sus amistades de sus felices experiencias, el prestigio de estas artes orientales va en aumento.

La práctica del Chi Kung (la ciencia de trabajar con el Chi, la energía que hay en el interior del cuerpo) no sólo mantiene la salud y el equilibrio mental, sino que también cura numerosas enfermedades sin el uso de medicamentos. En vez de eso, el Chi Kung utiliza la meditación estática y en movimiento para aumentar y regular la circulación del Chi.

Cuando se practica de forma regular, la mente se va sosegando poco a poco y se va llenando de paz, y todo nuestro ser comienza a sentirse más equilibrado. Sin embargo, el efecto más importante derivado de la práctica regular de Chi Kung consiste en descubrir el mundo interior de la energía corporal. Experimentando, sintiendo y examinando las experiencias internas, comenzará a conocerse usted mismo, no sólo física sino también mentalmente. La ciencia de las sensaciones interiores, que los chinos llevan estudiando desde hace varios miles de años, por lo general es del todo ignorada por el mundo occidental. No obstante, en la sociedad actual, vertiginosa y turbulenta, este entrenamiento es especialmente importante. Con la paz y tranquilidad mental que el Chi Kung proporciona, seremos más capaces de relajarnos y de disfrutar de las tareas cotidianas, y tal vez, incluso de encontrar la auténtica felicidad.

Me parece importantísimo que el mundo occidental aprenda, estudie, investigue y desarrolle esta arte interna y científica a gran escala. Sinceramente pienso que puede resultar muy eficaz para ayudar a las personas, sobre todo a los jóvenes, a enfrentarse con los retos perturbadores y atemorizantes de la vida. La práctica generalizada del Chi Kung reduciría la tensión mental en nuestra sociedad, ayudaría a quienes padecen desequilibrios y, quizás, incluso haría disminuir el índice de delincuencia. El Chi Kung equilibra la energía interna y puede curar muchas enfermedades. Las personas mayores sobre todo descubrirán que pueden conservar su salud y, además, retardar el proceso de envejecimiento. Por añadidura, el Chi Kung ayudará a los mayores a vencer la depresión y la angustia, a encontrar paz, sosiego y auténtica felicidad. Estoy seguro de que los occidentales se darán cuenta de que, lo mismo que a millones de chinos, practicar el Chi Kung les ofrecerá una nueva visión de la vida, y resultará ser la clave para resolver muchos problemas de hoy. Por estas razones, he estado estudiando e investigando activamente y publicando lo que he aprendido. No obstante, tras varios años de esfuerzos, creo que mis logros han sido demasiado lentos y someros. Esto lo explica con facilidad el hecho de que YMAA es joven y carece de base económica para dirigir una tarea tan enorme e importante. Yo y los pocos que conmigo están luchando para difundir el Chi Kung no podemos hacerlo lo bastante bien solos. Necesitamos más personas, pero, sobre todo, nos hacen falta universidades e instituciones médicas que se sumen a la investigación. Desde que llegué a Estados Unidos en 1974, estoy soñando con presentar los tesoros del tradicional Chi Kung chino a la sociedad occidental. Hace tan sólo unos pocos años que este sueño ha comenzado gradualmente a hacerse realidad. En 1982 se creó YMAA, y en 1989 YOAA Inc. se instituyó como nombre corporativo con todas las divisiones, es decir, que YMAA quedó bajo su protección. YMAA ha publicado dos series de libros sobre Chi Kung. La primera serie dirigida a principiantes; la segunda son obras en profundidad para practicantes más experimentados.

El primer libro y el vídeo de la serie introductoria fue "Los Ocho Elementos del Brocado". Este libro, "La Esencia del Tai Chi Chi Kung", es el segundo de la serie. Se incluye una introducción a la teoría del Chi Kung, que no puede proporcionar de manera eficaz la cinta de vídeo, publicada junto con este manual.

Si su curiosidad no quedase satisfecha después de haber leído este manual, le invitamos a investigar la serie que trata el tema en profundidad. Esta serie se compone de los siguientes libros:

1. THE ROOT OF CHINESE CHI KUNG – Los Secretos del entrenamiento Chi Kung (1989)
2. MUSCLE/TENDON CHANGING AND MARROW/BRAIN WASHING CHI KUNG – El Secreto de la Juventud (1989) /Yi Gin Ching y Shii Soei Ching)
3. CHI KUNG MASSAGE – Chi Kung Tui Na y Presión de Cavidades para la Curación (Chi Kung An Mo y Chi Kung Dian Xue)
4. CHI KUNG AND HEALTH – Para Curar y Conservar la Salud
5. CHI KUNG AND MARTIAL ARTS – La Clave de la Perfección para Artes Marciales Avanzadas (Shaolin, Widang, Ermei, y otros)
6. BUDDHIST CHI KUNG – Chan, La Raíz del Zen

7. TAOIST CHI KUNG (Dan Ding Dao Gung)
8. TIBETAN CHI KUNG (Mi Zong Shen Gong)

El primer libro "La Raíz del Chi Kung Chino" presenta el marco histórico y las diferentes categorías del Chi Kung, teoría y principios de Chi Kung y las claves del entrenamiento. Este volumen también proporciona un mapa del mundo del Chi Kung. Recomendamos leer este libro antes que ningún otro. El segundo volumen, Muscle/ Tendon Changing and Marrow/Brain Washing Chi Kung, presenta los conceptos generales de estas dos artes y trata tanto la teoría como sus principios de entrenamiento.

Para concluir, desearía señalar algo a quienes estén sinceramente interesados en el estudio e investigación de esta "nueva" ciencia. Si comienzan ahora, las generaciones futuras les considerarán pioneros en la investigación científica del Chi Kung. Además de mejorar el estado de salud, compartirán la reputación de haber ensanchado nuestro conocimiento de la vida y también de haber colaborado a hacer este mundo más feliz.

PREFACIO

En los últimos veinte años, tanto el sector médico como el público de Occidente han ido comprendiendo y aceptando paulatinamente el concepto chino de "Chi". Ahora se cree que Chi es la "bioelectricidad" que circula por el cuerpo humano. Hasta hace veinte años, la ciencia occidental no ha empezado a estudiar en serio la bioelectricidad. Debido al interés que ha despertado este nuevo campo de estudio y también al crecimiento de las comunicaciones con China, es probable que dicho campo se amplíe durante los próximos veinte años. Los índices más evidentes de esta tendencia son la gran aceptación de la acupuntura aplicada a enfermedades y la popularidad del Chi Kung y del Tai Chi Chuan.

Curiosamente, la razón principal de la popularidad del Tai Chi Chuan no es su poder marcial, sino más bien su capacidad para mejorar la salud. Aunque se trate de un arte marcial, el Tai Chi Chuan proporciona a quien lo practica un alto nivel de relajación corporal, tranquilidad y paz mental. Y lo que es más importante, mejora la circulación interna de Chi, la clave para conservar la salud y curar muchas enfermedades.

A diferencia de otros estilos marciales internos, tales como Hsing Yi, Ba Kua y Liu Ho Ba Fa, el entrenamiento inicial del Tai Chi Chuan es por completo relajado y el empleo de los músculos se reduce al mínimo. Como consecuencia, pueden practicarlo personas de todas las edades. Según mi experiencia personal como profesor, un elevado porcentaje de alumnos principiantes son enfermos o personas mayores. Sobre todo en China, el Tai Chi es bien conocido por su capacidad de aliviar e incluso curar muchas enfermedades, en particular problemas de estómago, pulmón, corazón, riñón, tensión alta, artritis, desórdenes mentales y otros muchos. Cuando haya comprendido los principios del Chi Kung y la teoría del entrenamiento Tai Chi, estará en condiciones de saber cómo es esto posible.

A pesar de que el Tai Chi Chuan le proporcionará relajación corporal y paz mental, el mayor beneficio que puede obtener será comprender mejor la vida y la naturaleza. El

Tai Chi le guiará por la senda que deberá seguir para usar la energía que le pondrá en comunicación con la naturaleza. Este es el camino que conduce a la salud física, mental y espiritual. Cuando lo haya logrado, nunca volverá a dudar ni a sentir inseguridad respecto al significado de la vida.

El conjunto de ejercicios Chi Kung empleados en el Tai Chi Chuan son ejercicios sencillos que le harán sentir su Chi, y le pondrán en el camino de comprender cómo trabajar con él. Esto no sólo mejora su circulación Chi sino que es la clave para practicar Tai Chi Chuan con éxito, tanto en lo referente a la salud como al arte marcial. En realidad, no hay mucha diferencia entre Tai Chi Chi Kung y Tai Chi Chuan propiamente dicho. Todos los requisitos para una práctica correcta son exactamente los mismos en ambos. La única diferencia consiste en que las formas del Chi Kung son más simples que los movimientos del Tai Chi Chuan. Lo que permite al practicante concentrar todo su esfuerzo en aumentar la capacidad para sentir el interior de su cuerpo. Algunas formas del Chi Kung son en realidad movimientos simplificados adaptados de la serie Tai Chi Chuan.

Existen varios estilos diferentes de Tai Chi Chuan, cada uno de ellos con sus propios grupos de ejercicios Chi Kung. En este libro hablaré de los que mis maestros me transmitieron. El primer capítulo consistirá en una reseña histórica del Chi Kung y el Tai Chi Chuan, y ofrece la teoría general y los conceptos sobre el entrenamiento del Chi Kung. El segundo capítulo versará sobre la raíz o esencia de la teoría de entrenamiento Tai Chi: el Yin y el Yang. Por último, el capítulo tercero tratará de los ejercicios Tai Chi Chi Kung.

Índice

CAPÍTULO 1
INTRODUCCIÓN GENERAL

1-1. Introducción

Chi Kung, el estudio de la energía del universo, es uno de los mayores logros culturales que China haya aportado a la humanidad. El equilibrio entre las fuerzas del Yin y del Yang en el universo se comprendió a través del estudio del Chi. Dicho conocimiento condujo a la formulación del «Tao» (la vía natural), que se convirtió en uno de los principios guía de la filosofía china. Como es natural, el «Tao» se ha venido empleando para explicar no sólo la naturaleza sino también la especie humana. Los chinos tenían la esperanza de que el estudio del Tao podría mostrar el modo de mejorar la salud o incluso de alargar la vida. Esto llevó al desarrollo de la medicina china. Se estudió la circulación del Chi por el cuerpo, lo que llegó a ser la rama del Chi Kung humano.

Según la teoría médica china, el Chi o cuerpo energético se considera Yin, mientras que al cuerpo físico se le considera Yang. El Chi no puede verse, pero sí sentirse. El aspecto Yin del cuerpo está relacionado con el pensamiento, alma y espíritu, mientras que el aspecto Yang ejecuta las decisiones del Yin. Ninguna de las partes puede sobrevivir por sí sola. Deben equilibrarse y coordinarse una con otra para que pueda existir la vida. El Chi es la fuente de vida y las acciones del cuerpo físico son las manifestaciones de la vida. Cuando el Yin es fuerte, la manifestación del Yang también puede ser fuerte; cuando Yin es débil o demasiado fuerte, el Yin y el Yang pueden desequilibrarse y sobrevenir la enfermedad. Esta es la razón por la que la medicina china y el Chi Kung se preocupan prioritariamente de cómo mantener el adecuado equilibrio entre el Yin y el Yang.

De acuerdo con numerosos documentos, aunque otras muchas culturas hayan descubierto la circulación Chi, ninguna de ellas la ha estudiado tan en profundidad como la china. Tan sólo hace veinte años que el mundo occidental ha empezado a aceptar el concepto de Chi, equiparándolo con la bioelectricidad que circula por el cuerpo humano. De manera creciente, los médicos occidentales están empezando a reconocer que una circulación anormal o irregular bioeléctrica o Chi es una de las principales causas de las enfermedades físicas y mentales. Muchos médicos occidentales están enviando a sus pacientes a acupuntores para que reciban un método alternativo de tratamiento en ciertas enfermedades que a la medicina occidental le resulta difícil tratar. Algunos incluso animan a sus pacientes a practicar Chi Kung o Tai Chi como medios de regular la presión arterial.

Como practicante de Chi Kung, debe usted seguir la pista a su historia y ver cómo se desarrolló. Conocer el pasado hace posible que usted no repita los errores que otros cometieron. También le ayudará a desarrollar el gusto por el arte, necesario para continuar su propio estudio.

Por esto, dedicaremos el resto de este capítulo a definir el Chi y Chi Kung, y a repasar la historia del Chi Kung y del Tai Chi Chuan. Incluiremos, también, los conceptos generales que son decisivos para la comprensión del porqué y el cómo de su práctica Chi Kung. En el segundo capítulo, hablaremos del Yin y el Yang del Tai Chi Chuan, que le hará saber cuál es el lugar que ocupa el Tai Chi Chi Kung en el Chi Kung chino. Por último, en el tercer capítulo, incluimos varios grupos de ejercicios de Tai Chi Chi Kung.

1-2. Definición de Chi y Chi Kung

¿Qué es el Chi?

Para comprender el Chi Kung primero hay que comprender lo que es Chi. Chi es la energía o fuerza natural que llena el universo. Existen tres tipos generales de Chi. El cielo (o universo) tiene Chi Celeste (Tian Chi), que está formado por las fuerzas que los cuerpos celestes ejercen sobre la tierra, tales como la luz del sol, la luz de la luna y los efectos de la luna sobre las mareas. La Tierra tiene Chi Terrestre (Dih Chi), que absorbe el Chi Celeste y está influido por el mismo. El hombre posee Chi Humano (Ren Chi), influenciado por los otros dos. En la antigüedad, los chinos creían que el Chi Celeste controlaba los fenómenos atmosféricos, el clima y los desastres naturales. Cuando este Chi o campo energético pierde su equilibrio, busca de nuevo equilibrarse. Entonces, el viento ha de soplar, la lluvia debe caer, e incluso los tornados y los huracanes tienen lugar a fin de que el Chi Celeste logre ese nuevo equilibrio energético. El Chi Celeste también afecta al Chi Humano, y la adivinación y la astrología son intentos de explicarlo.

Bajo el Chi Celeste se encuentra el Chi Terrestre, influido y controlado por el Chi Celeste. Por ejemplo, demasiada lluvia provocará que un río se desborde o que cambie su curso. Sin lluvia las plantas mueren. Los chinos creen que el Chi Terrestre está formado por líneas y sistemas energéticos, del mismo modo que el campo magnético terrestre y el calor conservado en su interior. Estas energías también deben equilibrarse, si no ocurren desastres como los terremotos. Cuando el Chi terrestre se encuentra en equilibrio, las plantas crecen y los animales se desarrollan. Además, toda persona, animal o planta posee su propio campo Chi, que tiende a equilibrarse. Cuando algo en particular pierde ese equilibrio, enferma, muere y se corrompe.

Hay que comprender que todas las cosas naturales, incluido el hombre, se desenvuelven dentro de los ciclos naturales del Chi Celeste y del Chi Terrestre, y están bajo su influencia. Dado que somos parte de esa naturaleza (Tao), hemos de entender el Chi Celeste y el Chi Terrestre. Sólo entonces podremos adaptarnos, cuando sea preciso, y encajar mejor en el ciclo natural, y aprender a protegernos de las influencias negativas de la naturaleza. Esta condición es el objetivo principal de la práctica del Chi Kung.

A partir de esto se entiende que, para gozar de una vida larga y saludable, la primera regla es vivir en armonía con los ciclos de la naturaleza, y evitar y prevenir las influencias negativas. Los chinos llevan miles de años investigando la naturaleza. Parte de la información sobre los sistemas y ciclos naturales ha sido registrada en libros, uno de los cuales es el I Ching (Clásico de los Cambios). Este libro proporciona al hombre corriente fórmulas para saber cuándo cambiarán las estaciones, cuándo nevará, e incluso cuándo debe un granjero realizar los cultivos o las cosechas. Debe recordar que la naturaleza siempre se repite. Si observa atentamente, descubrirá muchos de estos sistemas y ciclos habituales producidos por el restablecimiento del equilibrio de los campos Chi.

Durante miles de años los chinos han investigado la interrelación existente entre todas las cosas de la naturaleza, sobre todo respecto de los seres humanos. A partir de esta experiencia han creado varios ejercicios Chi Kung que ayudan a armonizar la circulación de Chi en el cuerpo humano con los ciclos naturales. Esto sirve para evitar las enfermedades producidas por los cambios atmosféricos o estacionales.

Los chinos también descubrieron que, a través de la práctica de Chi Kung, podían fortalecer su Chi y retardar el deterioro del cuerpo, obteniendo no sólo salud sino además longevidad. Saber que tales resultados eran posibles impulsó enormemente nuevas investigaciones.

¿Qué es Chi Kung?

Según la exposición anterior, puede verse que Chi es energía, y que se encuentra en el cielo, en la tierra y en todos los seres vivos. Todos estos tipos distintos de energía interactúan entre sí, y pueden transformarse uno en otro. En China, la palabra «Kung» se alterna con frecuencia con «Kung Fu», que significa energía y tiempo. Se denomina Kung Fu a cualquier estudio o entrenamiento cuyo aprendizaje o realización requiera mucha energía y tiempo. Este término puede aplicarse a cualquier habilidad o estudio particular siempre que realizarlo lleve tiempo, energía y paciencia. Por tanto, la definición correcta de Chi Kung es: cualquier entrenamiento o estudio relacionado con el Chi que precise de mucho tiempo y esfuerzo.

Chi existe en todas las cosas, desde la más grande a la más pequeña. Dado que el alcance del Chi es tan vasto, los chinos lo han dividido en tres categorías, paralelas a las Tres Fuerzas (San Tsair) del Cielo, Tierra y Hombre. En términos generales, el Chi Celeste es el más grande y el más potente. Este Chi Celeste contiene en su interior el Chi Terrestre, y dentro de este Chi Celeste y Terrestre vive el hombre, con su propio Chi. Puede entenderse que el Chi Humano forma parte del Chi Celeste y del Chi Terrestre. No obstante, puesto que los seres humanos que investigan el Chi están principalmente interesados en el Chi Humano, el término Chi Kung se usa habitualmente para referirse sólo al entrenamiento Chi con personas.

Lo ideal sería que la investigación del Chi Kung incluyera el Chi Celeste, Terrestre y Humano. Comprender el Chi Celeste es muy difícil, no obstante, y lo fue sobre todo en la antigüedad, cuando esta ciencia sólo estaba en desarrollo. Las reglas y principios esenciales relativos al Chi Celeste pueden encontrarse en obras como Los Cinco Elementos y Diez Ramas, Ramas Celestes y el I Ching.

Muchas personas se han especializado en el estudio del Chi Terrestre. Se les llama Di Li Shy (Maestros de Geomancia) o Feng Shoei Shy (Maestros del Viento y del Agua). Dichos expertos utilizan la masa acumulada de conocimientos geománticos y el Yi Jong para ayudar a las personas a tomar decisiones importantes como dónde y cómo construir una casa, o incluso dónde localizar una tumba. Los maestros de esta profesión son aún corrientes en China.

El pueblo chino considera que el Chi Humano está afectado y controlado por el Chi Celeste y el Chi Terrestre, y que, en realidad, estos deciden el destino. Hay personas que se especializan en la explicación de estas conexiones; se les llama Suan Mig Shy (Maestros que hacen cálculos sobre la vida), o adivinos.

La mayoría de las investigaciones sobre Chi Kung se han centrado en el Chi Humano. Como Chi es la fuente de la vida, si se comprende cómo funciona y se sabe gobernarlo correctamente, se podrá vivir una vida larga y saludable. Se han investigado muchas formas diferentes de trabajar con el Chi Humano. La acupuntura, la acupresión, el masaje y los tratamientos a base de hierbas, la meditación y los ejercicios Chi Kung. Se han convertido en la base de la medicina china el uso de la acupuntura, la acupresión, el masaje y el tratamiento con hierbas para el flujo de Chi humano. El pueblo chino utiliza de forma generalizada la meditación y los ejercicios de Chi Kung en movimiento para mejorar su estado de salud y hasta para curar ciertas enfermedades. La meditación y los ejercicios Chi Kung juegan un papel suplementario en tanto que taoístas y budistas los utilizan en su búsqueda espiritual de la iluminación y de la budeidad.

Podemos ver en este análisis general que el estudio de cualquier aspecto de Chi podría llamarse Chi Kung. No obstante, puesto que el término normalmente se emplea hoy día sólo refiriéndose al cultivo del Chi Humano, lo utilizaremos solamente en este sentido más restringido para evitar confusiones.

1-3. Reseña histórica del Chi Kung

Podemos dividir la historia del Chi Kung chino en cuatro grandes periodos principales. Sabemos poco acerca del primer periodo, cuyo comienzo presumimos que tuvo lugar cuando el «I Ching» (Libro de los Cambios) fue presentado antes de 1122 a.C., y que se prolongó hasta la dinastía Han (206 a.C.), cuando el budismo y sus métodos de meditación fueron importados de la India. Esta infusión introdujo la práctica del Chi Kung y la meditación en el segundo periodo, la era del Chi Kung religioso. Este periodo duró hasta la dinastía Liang (502-557 A.D.), cuando se descubrió que el Chi Kung podía emplearse con fines bélicos. Éste fue el comienzo del tercer periodo. Se crearon muchos estilos diferentes de Chi Kung marcial basados en las teorías y principios del Chi Kung budista y taoísta. Este periodo duró hasta el derrocamiento de la dinastía Ching en 1911; a partir de ese momento el entrenamiento Chi Kung chino se mezcló con prácticas de Chi Kung procedentes de la India, Japón y otros muchos países.

Antes de la Dinastía Han (antes de 206 a.C.)

El «I Ching» (Libro de los Cambios; 1122 a.C.) fue probablemente el primer libro chino que trató del Chi. Introducía el concepto de las tres energías o fuerzas naturales (San Tsair): Tian (Cielo), Dih (Tierra) y Ren (Hombre). Estudiar la relación existente entre estas tres fuerzas naturales fue el primer paso en el desarrollo del Chi Kung.

En 1766-1154 a.C. (la dinastía Shang), la capital de China estaba localizada en lo que hoy es An Yang, en la provincia de Henan. En unas excavaciones arqueológicas, sobre un campo funerario perteneciente a la última dinastía Shang llamado Yin Xu, se descubrieron más de 160.000 piezas de caparazones de tortuga y huesos de animales cubiertos de inscripciones. Esta escritura, llamada «Jea Guu Wen» (escritura oráculo-ósea), fue la primera prueba que se tuvo del empleo de la palabra escrita por los chinos. La mayor parte de la información registrada era de naturaleza religiosa. No se hacía mención ni a la acupuntura ni a otros conocimientos médicos, aunque se registrase en el Nei Ching que durante el reinado del emperador amarillo (2690-2590 a.C.) Bian Shyr (las piedras lo prueban) ya se empleaba para regular la circulación Chi en las personas.

Durante la dinastía Jou (1122-934 a.C.), Lao Tzyy (Li Erh) mencionó ciertas técnicas respiratorias en su libro «Tao Te King» (obra clásica sobre la Virtud del Tao). Lao Tzii insistía en que el modo de alcanzar la salud era «concentrarse en el Chi y lograr la paz» (Juan Chi Jyh Rou).[1] Después, «Shyy Gi» (Archivo histórico) en la Primavera y el Otoño y en los Periodos de Guerras (770-221 a.C.) también describió métodos más completos de entrenamiento respiratorio. Hacia 300 a.C., el filósofo taoísta Juang Tzyy describió la relación entre la salud y la respiración en su libro «Nan Hwa Ching». En él se afirma: «Los hombres de la antigüedad inspiraban el aire hasta los talones...» Esto no era simplemente una metáfora, y confirma que algunos taoístas de aquel tiempo empleaban algún método respiratorio para la circulación de Chi.

Durante las dinastías Chin y Han (221 a.C.-220 A.D.) existen varias referencias médicas a Chi Kung en la literatura, tales como el «Nan Ching» (Clásico sobre las enfermedades) escrito por el famoso físico Bian Chiueh, que describe el uso de la respiración para aumentar la circulación Chi. El «Gin Guey Yao Liueh» (Prescripciones de la Cámara Dorada) de Chang Jong-Jiing trata sobre el uso de la respiración y de la acupuntura para mantener un buen flujo de Chi. «Jou I Tsan Torng Chih» (Un Estudio Comparativo del Libro de los Cambios de la dinastía Jou) escrito por Wey Bor-Yang, explica la relación de los seres humanos con las fuerzas de la naturaleza y el Chi. Vemos por esta lista de autores que, hasta la fecha, casi todas las publicaciones del Chi Kung fueron escritas por eruditos tales como Lao Tzyy y Juang Tzyy, o por físicos como Bian Chiueh y Wey Bor-Yang.

1.– 專氣致柔

Desde la Dinastía Han hasta el comienzo de la Liang (206 a.C.-502 A.D.)

Debido a que muchos emperadores de la dinastía Han eran sabios e inteligentes, esta dinastía fue un periodo glorioso y de paz. Fue durante la dinastía Han oriental (58 A.D.) cuando el budismo fue introducido en China desde la India. El emperador Han se convirtió en un fiel budista y el budismo pronto se propagó y se hizo muy popular. Muchas prácticas de meditación y de Chi Kung, que se realizaban en la India desde hacía miles de años, fueron absorbidas por la cultura china. Los templos budistas enseñaban muchas prácticas de Chi Kung, sobre todo la meditación estática de Charn (Zen), que marcó una nueva era del Chi Kung chino. Gran parte de la teoría y práctica Chi Kung más profunda desarrollada en la India fue llevada a China. Desgraciadamente, como el entrenamiento iba dirigido a la consecución de la budeidad, tanto la teoría como las prácticas de entrenamiento se registraron en las biblias budistas y fueron mantenidas en secreto. Durante cientos de años el entrenamiento religioso de Chi Kung no se enseñó a los legos. Hasta este siglo no ha estado a disposición del público en general.

Poco tiempo después de que el budismo se llevase a China, un taoísta de nombre Chang Tao-Ling combinó los principios taoístas tradicionales con el budismo y creó una religión llamada Tao Jiaw. Muchos métodos de meditación eran una combinación de los principios y métodos de entrenamiento de ambas fuentes.

Puesto que el Tíbet había desarrollado su propia secta budista siguiendo un sistema y métodos propios para alcanzar la budeidad, los budistas tibetanos fueron también invitados a predicar en China. Con el tiempo, sus prácticas también fueron absorbidas.

Fue en este periodo cuando los practicantes del Chi Kung chino tuvieron, al fin, la oportunidad de comparar sus artes con las prácticas religiosas de Chi Kung introducidas principalmente desde la India. Mientras que el Chi Kung erudito y médico se había preocupado de conservar y mejorar la salud, el Chi Kung religioso recién importado se interesaba por muchas más cosas. Documentos contemporáneos y estilos de Chi Kung demuestran con claridad que los practicantes religiosos adiestraban su Chi a niveles mucho más profundos, trabajando con muchas funciones internas del cuerpo, y se esforzaban por conseguir el control del cuerpo, la mente y el espíritu con el fin de escapar al ciclo de la reencarnación.

Mientras las prácticas meditativas de Chi Kung se habían ido transmitiendo en secreto dentro de los monasterios, los eruditos y físicos tradicionales continuaban sus investigaciones. Durante la dinastía Jin, siglo III A.D., un famoso físico llamado Hwa Tor empleó la acupuntura como anestesia en una intervención quirúrgica. El taoísta Jiun Chiam utilizó los movimientos de los animales para crear el Wuu Chyn Shih (el Deporte de los Cinco Animales), con lo que enseñó a la gente a aumentar su circulación de Chi por medio de unos movimientos específicos. También en este periodo, un físico llamado Ger Horng mencionaba en su libro Baw Poh Tzyy la utilización de la mente para dirigir y aumentar el Chi. Entre 420 y 581 A.D., Taur Horng-Jiing compiló el «Yeang Shenn Yan

Ming Luh» (Anotaciones sobre la Nutrición del Cuerpo y el Alargamiento de la Vida), mostrando numerosas técnicas Chi Kung.

Desde la Dinastía Liang hasta el Fin de la Ching (502-1911 A.D.)

Durante la dinastía Liang (502-557 A.D.), el emperador invitó a un monje budista llamado Da Mo, quien había sido un príncipe indio, para predicar el budismo en China. El emperador llegó a la conclusión de que no le agradaba la teoría del budista Da Mo, así que el monje se retiró al templo Shaolin. Cuando Da Mo llegó allí vio que los sacerdotes eran débiles y enfermizos, por lo que se recluyó para meditar el problema. Salió después de nueve años de reclusión y escribió dos obras clásicas: «Yi Gin Ching» (Clásico sobre cambios en el Músculo/Tendón) y «Shii Soei Ching» (Clásico sobre lavado de Médula/Cerebro). El clásico sobre los cambios en músculos y tendones enseñó a los sacerdotes a restablecer su salud y a fortalecer sus cuerpos debilitados. El clásico sobre el lavado de la médula y el cerebro enseñó a los sacerdotes a utilizar la energía Chi para limpiar la médula ósea y fortalecer la sangre y el sistema inmunológico, así como para proporcionar energía al cerebro y alcanzar la iluminación. A causa de que el clásico sobre el lavado de médula/cerebro era más difícil de comprender y de llevar a la práctica, los métodos de entrenamiento fueron transmitidos en secreto sólo a unos pocos discípulos cada generación.

Después que los sacerdotes hubieron practicado los ejercicios de Cambio en el Músculo/Tendón, descubrieron que no sólo mejoraba su salud sino que, además, aumentaba enormemente su fortaleza. Cuando este entrenamiento se aplicó a las formas de artes marciales, la eficacia de sus técnicas se acrecentó. Además de este entrenamiento de Chi Kung marcial, los sacerdotes Shaolin crearon estilos de Kung Fu basados en cinco animales, imitando su forma de luchar. Estos animales eran el tigre, el leopardo, el dragón, la serpiente y la grulla.

Fuera del monasterio, el desarrollo del Chi Kung continuó durante las dinastías Swei y Tarng (581-907 A.D.). Chaor Yuan-Fang compiló el «Ju Bing Yuan Hou Luenn» (Tesis sobre los orígenes y síntomas de varias enfermedades), una auténtica enciclopedia de los métodos Chi Kung que enumeraba 260 formas diferentes de aumentar el flujo de Chi. El «Chian Gin Fang» (Mil recetas de oro) de Suen Sy-Meau describía el método de dirigir el Chi, así como el uso de los Seis Sonidos. Los budistas y los taoístas ya habían usado los Seis Sonidos para regular el Chi en los órganos internos durante algún tiempo. Suen Sy-Meau también introdujo un sistema de masaje llamado Las 49 técnicas de Masaje de Lao Tzyy «Wai Tai Mih Yao» (El Secreto de extrema importancia) de Wang Tour trataba del uso de terapias respiratorias y a base de hierbas para los desórdenes en la circulación Chi.

Durante las dinastías Song, Jin y Yuan (960-1368 A.D.), «Yeang Shenn Jyue» (Secretos que nutren la vida), de Chang An-Tao, estudiaba varias prácticas Chi Kung. «Ru Men Shyh Shyh» (El punto de vista confuciano), de Chang Tzyy-Her describe el uso de Chi Kung para curar lesiones externas tales como cortes y torceduras. «Lan Shyh Mih Tsarng» (Biblioteca secreta de la sala de orquídeas), de Li Guoo, describe el empleo de Chi Kung y remedios con hierbas para los desórdenes internos. «Ger Jyh Yu Luenn» (Tesis más profunda del estudio completo), de Ju Dan-Shi proporcionó una explicación teórica para el uso de Chi Kung en la curación de enfermedades.

Durante la dinastía Song (960-1279 A.D.), se cree que Chang San-Feng había creado el Tai Chi Chuan. Tai Chi siguió un método distinto al de shaolin en el uso de Chi Kung. Mientras el Tai Chi resaltaba los ejercicios Chi Kung Wi Dan (Elixir externo), el Tai Chi resaltaba el entrenamiento Chi Kung Nei Dan (Elixir interno).

En 1026 A.D., el famoso hombre de latón de la acupuntura fue diseñado y construido por el Dr. Wang Wei-Yi. Antes de eso, las numerosas publicaciones que trataban sobre la teoría de la acupuntura, principios y técnicas de tratamiento se hallaban en desacuerdo unas con otras, dejando muchos puntos oscuros. Cuando el Dr. Wang construyó su hombre de latón, también escribió un libro llamado «Torng Ren Yu Shiuh Jen Jeou Twu» (Ilustración de la acupuntura y moxibustión del Hombre de latón). El autor explicaba la relación de los 12 órganos y los 12 canales Chi, clarificaba muchos de los puntos confusos, y, por primera vez, organizaba sistemáticamente la teoría y principios de la acupuntura.

En 1034 A.D. el Dr. Wang empleó la acupuntura para curar al emperador Ren Tzong. La acupuntura prosperó con el apoyo de este emperador. Con el fin de fomentar la investigación médica de esta ciencia, el emperador construyó un templo a Bian Chiueh, quien escribió el Nan Ching, y lo veneró como precursor de la acupuntura. La técnica tuvo tanto desarrollo que incluso la raza Gin, muy lejos al norte, solicitó el hombre de latón y otras técnicas de acupuntura como condición de paz. Entre 1102 y 1106 A.D. el Dr. Wang diseccionó cuerpos de prisioneros y añadió más información al Nan Ching. Su labor contribuyó enormemente al avance del Chi Kung y de la medicina china dando una idea clara y sistemática de la circulación de Chi en el cuerpo humano.

Más tarde, en la dinastía Song del sur (1127-1279 A.D.) se atribuyó a Marshal Yeuh Fei la creación de varios ejercicios de Chi Kung interno y de artes marciales. Se dice que fue él quien creó las Ocho Piezas de Brocado para mejorar la salud de sus soldados. También se le conoce como creador del estilo marcial interno Hsing Yi. Los artistas marciales del estilo del águila también afirman que Yeuh Fei fue el creador de su estilo.

Desde entonces hasta el fin de la dinastía Ching (1911 A.D.), se fundaron otros muchos estilos Chi Kung. Entre los más conocidos se están el Hwu Buh King (kung paso de tigre), Shyr Er Juang (doce posturas) y Jiaw Huah Kung (Kung del mendigo). También durante este periodo se publicaron muchos documentos relacionados con el Chi Kung, tales como «Bao Shenn Mih Yao» (Importante documento secreto para proteger el cuerpo) de Tsaur Yuan-Bair el cual describía prácticas de Chi Kung estáticas y en movimiento; y «Yang Shenn Fu Yeu» (Breve introducción a la nutrición del cuerpo) de Chen Jih-Ru sobre los tres tesoros: Jieng (esencia), Chi (energía interna) y Shen (espíritu). También, «Yi Fang Jyi Jieh» (Introducción completa a las recetas médicas) de Uang Fann-An que revisaba y resumía los materiales publicados anteriormente; y «Nei Kung Twu Shwo» (Explicación ilustrada de Nei Kung), de Wang Tzuu-Yuan que presentaba las Doce Piezas del Brocado y explicaba la idea de combinar el Chi Kung estático y en movimiento.

En la última dinastía Ming (hacia 1640 A.D.), los estilistas marciales Tai Yang crearon un estilo marcial Chi Kung, Huoo Long Kung (Kung Dragón de Fuego). Se cree que el conocidísimo arte marcial interno Ba Kua Chang (palma de los ocho trigramas) fue creado por Doong Hae-Chuan a finales de la dinastía Ching (1644-1911 A.D.). Este estilo está ganando popularidad en todo el mundo.

Durante la dinastía Ching, las técnicas marciales y de meditación tibetanas se extendieron en China por vez primera. Esto se debió al estímulo e interés de los emperadores manchúes del palacio real, así como al de otros personajes pertenecientes a las clases altas de la sociedad.

Desde el fin de la Dinastía Ching hasta nuestros días

Antes de 1911 A.D., la sociedad china era muy conservadora y anticuada. A pesar de que China llevaba ampliando sus contactos con el mundo exterior desde hacía cien años, el mundo exterior tenía poca influencia más allá de las regiones costeras. Con el derrocamiento de la dinastía Ching en 1911 y la fundación de la República China, la nación comenzó a cambiar como nunca lo había hecho antes. Desde entonces, la práctica de Chi Kung ha entrado en una nueva era. Gracias a la eficacia de las comunicaciones en el mundo moderno, la cultura occidental ha tenido una notable influencia en Oriente. Muchos chinos han abandonado sus prejuicios y han modificado sus ideas tradicionales, sobre todo en Taiwan y en Hong Kong. Ahora se enseñan abiertamente diversos estilos de Chi Kung, y muchos documentos que antes eran secretos se están publicando. Los modernos métodos de comunicación han abierto al Chi Kung un auditorio mucho mayor que el que jamás hayan tenido, y la gente tiene ahora la ocasión de estudiar y entender estilos muy diferentes. Además, el público ya es capaz de comparar el Chi Kung chino con artes similares de otros países, tales como India, Japón, Corea y Oriente Medio.

Pienso que, en un futuro próximo, el Chi Kung será considerado el campo de investigación más excitante y sugestivo. Se trata de una antigua ciencia que sólo aguarda ser investigada con ayuda de las nuevas tecnologías que se están desarrollando a un ritmo casi vertiginoso. Cualquier cosa que podamos hacer para acelerar esta investigación ayudará enormemente a la humanidad a comprenderse y a mejorarse a sí misma.

1-4. Las Categorías de Chi Kung

En términos generales, todas las prácticas Chi Kung pueden dividirse, según su teoría y métodos de entrenamiento, en dos grandes categorías: Wai Dan (elixir externo) y Nei Dan (elixir interno). Comprender estas diferencias entre ellas proporciona una visión general de la mayoría de las prácticas Chi Kung chinas.

1. Wai Dan (elixir externo)

«Wai» significa «externo» o «exterior», y «Dan» significa «elixir». Externo aquí se refiere a las extremidades, en oposición al torso, que incluye todos los órganos vitales. El elixir es una sustancia hipotética que prolonga la vida; los taoístas chinos la han estado buscando durante milenios. En un principio creyeron que el elixir era algo físico que se podía preparar con hierbas o componentes químicos purificados en un horno. Después de miles de años de experimentación, descubrieron que ese elixir se encuentra en el cuerpo. En otras palabras, si desea prolongar su vida, debe buscar el elixir en su propio cuerpo, y, después, aprender a protegerlo y alimentarlo.

En la práctica de Wai Dan Chi Kung, la atención se concentra en las extremidades a fin de que el ejercicio elabore el Chi en ellas. Cuando el potencial Chi alcanza un nivel suficientemente alto, fluye a través de los canales, eliminando cualquier obstrucción y alimentando a los órganos. Esta es la razón principal por la que una persona que trabaja fuera, o realiza un trabajo físico, está, por lo general, más sana que alguien que se pasa el día sentado.

2. Nei Dan (elixir interno)

Nei significa «interno» y Dan significa «elixir». Así pues, Nei Dan quiere decir elaboración del elixir interiormente. Aquí, internamente se refiere al cuerpo en vez de a las extremidades. Mientras que en el Wai Dan el Chi se elabora en las extremidades y, luego, es transportado al interior del cuerpo, los ejercicios Nei Dan elaboran Chi en el cuerpo y lo dirigen a las extremidades.

En términos generales, la teoría Nei Dan es mucho más profunda que la teoría Wai Dan, y su entrenamiento es mucho más difícil de comprender y de practicar. Tradicionalmente, la mayoría de las prácticas Nei Dan Chi Kung se han transmitido más en secreto que las de Wai Dan. Esto ha ocurrido, sobre todo, con los altos niveles del Nei Dan, tales como el Lavado de Médula/Cerebro, que sólo le fueron transmitidos a unos pocos discípulos de confianza.

También podemos clasificar Chi Kung en cuatro categorías principales, según el propósito o finalidad del entrenamiento: 1. mantener la salud; 2. curar enfermedades; 3. destreza marcial; y 4. iluminación o budeidad. Sin embargo, se trata de una primera clasificación, ya que todos los estilos de Chi Kung sirven a más de un propósito de los arriba mencionados. Por ejemplo, aunque el Chi Kung marcial se centra en el aumento de eficacia en la lucha, también puede mejorar la salud. El Chi Kung taoísta tiene como objetivo la longevidad y la iluminación, pero para alcanzarlo es preciso gozar de buena salud y saber curar las enfermedades. Debido a esta multiplicidad de funciones, examinaremos las categorías en función de su tradición más que de sus fines. Conocer la historia y los principios básicos de cada categoría ayudará a comprender el Chi Kung con mayor claridad.

1. El Chi Kung erudito – para conservar la salud

En China, antes de la dinastía Han, hubo dos escuelas principales de sabiduría. Una de ellas fue creada por Confucio (551-479 a.C.) durante el periodo de primavera y de otoño; a los sabios que practicaban su filosofía se les llama normalmente confucianos. Más tarde, Mencius popularizó y extendió su filosofía (372-289 a.C.) en el periodo de guerras entre los estados. A las personas que la practican se les llama Ru Jia (confucionistas). Las palabras clave de su filosofía son lealtad, piedad filial, humanidad, amabilidad, confianza, justicia, armonía y paz. La humanidad y los sentimientos humanos son los principales temas de estudio. La filosofía Ru Jia se ha convertido en el centro de casi toda la cultura china.

La segunda escuela de sabiduría se llamaba Tao Jia (Taoísmo), y fue creada por Lao Tzyy en el siglo VI a.C. A Lao Tzyy se le considera autor de un libro llamado el «Tao Te Ching» (Clásico de la Virtud del Tao), el cual describía la moralidad humana. Después, en el periodo de guerras entre estados, su discípulo Juang Jou escribió un libro llamado «Juang Tzyy», que condujo a la formación de otra fuerte ramificación del Taoísmo. Antes de la dinastía Han, el Taoísmo era considerado como una rama de la sabiduría. No obstante, durante la dinastía Han el Taoísmo tradicional se combinó con el budismo importado de la India, y, gradualmente, empezó a ser tratado como religión. Por tanto, el Taoísmo anterior a la dinastía Han debe considerarse un Taoísmo erudito más que religioso.

En lo que se refiere a su contribución al Chi Kung, ambas escuelas destacaron la conservación de la salud y la prevención de las enfermedades. Creían que muchas enfermedades estaban causadas por excesos mentales y emocionales. Cuando la mente de una persona no está sosegada, equilibrada y en paz, los órganos no funcionan normalmente. Por ejemplo, la depresión puede producir úlceras de estómago e indigestión. La irritación causa el mal funcionamiento del hígado. La tristeza produce estancamiento y opresión en los pulmones, y el miedo puede alterar el normal funcionamiento de los riñones y la vejiga. Los sabios se dieron cuenta de que, si se desea evitar la enfermedad, hay que aprender a equilibrar y relajar los pensamientos y las emociones. A este proceso se le denomina «regulación mental».

Por consiguiente, los sabios recomendaban adquirir la paz mental por medio de la meditación. En la meditación estática, la parte principal del entrenamiento consiste en deshacerse de los pensamientos para que la mente esté despejada y en calma. Cuando se ha logrado el sosiego, el flujo de pensamientos y de emociones se hace más lento, y se tiene una sensación de neutralidad mental y emocional. Esta clase de meditación podríamos considerarla como una práctica de autocontrol emocional. Cuando uno se encuentra en este estado de «no pensamiento», se queda muy relajado, e incluso puede llevarse la relajación hasta los órganos internos. Cuando el cuerpo está relajado, el Chi fluye de un modo constante y natural. Esta clase de meditación estática era muy común entre los sabios de la antigua sociedad china.

Con el fin de lograr el propósito de llenar sus mentes de paz y de sosiego, el entrenamiento de los sabios se centraba en la regulación de la mente, el cuerpo y la respiración. Ellos creían que, mientras estas tres cosas estuviesen reguladas, el flujo de Chi sería constante y la enfermedad no haría su aparición. Por esta razón, al entrenamiento Chi de los sabios se le llama «Shiou Chi», que significa: «cultivar el Chi». Shiou en chino quiere decir regular, cultivar o reparar, o sea, mantener en buen estado. Es muy diferente al entrenamiento Chi taoísta, posterior a la dinastía Han, que llamaban «Liann Chi», traducido «Chi de entrenamiento». Liann significa entrenar o practicar para fortalecerse.

Muchos de los documentos Chi Kung escritos por los confucianos y taoístas se limitaban a la conservación de la salud. La actitud de los sabios hacia el Chi Kung consistía en seguir su destino natural y mantenerse sanos. Esta filosofía es muy distinta a la de los taoístas posteriores a la dinastía Han, quienes aseguraban que el destino de una persona podía cambiarse. Sostenían que es posible entrenar el Chi para fortalecerlo y prolongar la vida. Entre los sabios se decía: «Ren Shenn Chii Shyr Guu Lai Shi»,[2] que significa: «es difícil que el ser humano cumpla setenta años». Hay que comprender que pocas personas en la antigüedad vivían más de setenta años debido a la falta de alimentos nutritivos y de la tecnología médica moderna. También se decía: «An Tian Leh Ming»,[3] que significa: «Paz con el cielo y placer en tu destino»; y «Shiou Shenn Shy Ming»,[4] que significa: «cultiva el cuerpo y aguarda tu destino». Compárese eso con la filosofía de los taoístas posteriores que decían: «Yi Bae Er Shyr Wey Jy Yeau»,[5] que significa: «morir a los ciento veinte años es morir joven». Ellos sostenían, y lo han demostrado, que la vida humana se puede prolongar y que se puede luchar con el destino y vencerlo.

El confucianismo y el Taoísmo eran las dos principales escuelas de sabiduría en China, pero había otras muchas escuelas que estaban más o menos interesadas en los ejercicios de Chi Kung. No vamos a analizarlas aquí porque hay sólo un número limitado de documentos procedentes de tales escuelas.

2. El Chi Kung médico – para curar

En la antigua sociedad china, la mayoría de los emperadores respetaban a los sabios y estaban influenciados por su filosofía. Los físicos, a pesar de haber desarrollado una profunda y floreciente ciencia médica, no gozaban de alta estima; en realidad, se les despreciaba porque realizaban sus diagnósticos tocando el cuerpo de sus pacientes, lo que era considerado característico de las clases bajas de la sociedad. Sin embargo, ellos siguieron trabajando y estudiando mucho, y fueron transmitiendo pacientemente los resultados de sus investigaciones a las generaciones siguientes.

De todos los grupos que han estudiado en China el Chi Kung, los físicos son quienes han perseverado en ello durante más tiempo. Desde el descubrimiento de la circulación Chi en el cuerpo humano, hace unos cuatro mil años, los físicos chinos han dedicado la mayor parte de sus esfuerzos a estudiar el comportamiento del Chi. Sus esfuerzos dieron lugar a la acupuntura, la acupresión o el masaje en las Cavidades, y al tratamiento con hierbas.

2.– 人生七十古來稀 一百二十謂之夭

3.– 安天樂命

4.– 修身俟命

5.– 一百二十謂之夭

Además, muchos físicos chinos utilizaban sus conocimientos médicos para crear diferentes grupos de ejercicios Chi Kung, bien para conservar la salud o para curar enfermedades concretas. Los físicos chinos creían que emular a los sabios sólo con la meditación estática para regular el cuerpo y la mente, y la respiración, no bastaban para curar una enfermedad. Afirmaban que para aumentar la circulación Chi, había que moverse. Aunque la paz y el sosiego mental eran importantes para la salud, ejercitar el cuerpo era aún más importante. Aprendieron, a través de su práctica médica, que las personas que se ejercitaban adecuadamente enfermaban con menos frecuencia, y que sus cuerpos se deterioraban de forma más lenta que el de las personas que pasaban todo el tiempo sentadas. También advirtieron que algunos movimientos específicos del cuerpo podían aumentar la circulación Chi de órganos concretos. Dedujeron de ello que los ejercicios Chi Kung podían también emplearse para tratar enfermedades específicas y para restablecer el normal funcionamiento de los órganos.

Algunos de estos movimientos (ejercicios) son semejantes –en realidad, se han tomado como modelo– al modo en que se mueven ciertos animales. Está claro que para que un animal sobreviva en un medio salvaje, debe poseer un instinto que le diga cómo proteger su cuerpo. Parte de ese instinto se relaciona con la forma de elaborar su Chi y el modo de evitar que se pierda. Los seres humanos hemos perdido muchos de esos instintos a lo largo de los años que llevamos alejados de la naturaleza.

Muchos médicos desarrollaron ejercicios Chi Kung basados en los movimientos de los animales para conservar la salud y curar enfermedades. Un grupo bien conocido de tales ejercicios es (El deporte de los Cinco animales), creado por el Dr. Jiun Chiam. Otro grupo famoso, basado en principios similares, se llama «Ba Duann Gin» (Las ocho piezas del brocado). Fue creado por Marshal Yeuh Fei, quien, cosa curiosa, fue más un soldado que un físico.

Además, utilizando sus conocimientos médicos de la circulación Chi, los físicos chinos llevaron a cabo investigaciones hasta que descubrieron qué movimientos ayudarían a curar enfermedades concretas y problemas de salud. No es sorprendente que muchos de estos movimientos fueran similares a los que se empleaban para conservar la salud, ya que numerosas enfermedades están producidas por un desequilibrio de Chi. Cuando este desequilibrio se prolonga durante mucho tiempo, los órganos quedan afectados y, tal vez, físicamente dañados. La situación es semejante a hacer funcionar una máquina sin suministrarle la corriente eléctrica necesaria; con el tiempo, la máquina resultará dañada. Los físicos chinos afirman que antes de dañarse físicamente un órgano, se muestra en el cuerpo del paciente la presencia primera de una anormalidad en el equilibrio y la circulación Chi. **LA CIRCULACIÓN ANORMAL DE CHI ES EL COMIENZO DE LA ENFERMEDAD Y DEL DAÑO FÍSICO DE UN ÓRGANO**. Cuando Chi es demasiado positivo (Yang) o demasiado negativo (Yin) en el canal correspondiente a un órgano determinado, ese órgano comienza a sufrir deterioro. Si no se corrige la circulación Chi, el órgano funciona mal o se deteriora. La mejor manera de curar a alguien es ajustar y equilibrar el Chi antes de que se produzca algún problema físico. Por consiguiente, corregir o aumentar la circulación normal de Chi es el objetivo principal de los tratamientos con acupuntura o acupresión. Las hierbas y las dietas especiales también están consideradas tratamientos importantes en la regulación de Chi en el cuerpo. Mientras que la enfermedad está limitada al nivel de estancamiento de Chi y ningún órgano ha sido dañado, los ejercicios Chi Kung empleados para conservar la salud pueden utilizarse para reajustar la circulación Chi y tratar el problema. Sin embargo, si la dolencia es ya tan seria que los órganos han comenzado a fallar, entonces la situación se ha hecho crítica y es preciso administrar un tratamiento adecuado. Ese tratamiento puede tomar la forma de la acupuntura, hierbas, e incluso de una intervención quirúrgica, al igual que ejercicios Chi Kung concretos diseñados para acelerar la curación o, incluso, curar la enfermedad. Por ejemplo, las úlceras o el asma pueden curarse o mejorarse con unos sencillos ejercicios. Recientemente, tanto en China como Taiwan, los ejercicios Chi Kung han demostrado su eficacia para tratar ciertos tipos de cáncer.[6]

Algunos practicantes de Chi Kung, tras miles de años observando la naturaleza y a sí mismos, ahondaron todavía más. Se dieron cuenta de que la circulación Chi del cuerpo cambia con las estaciones, y que el cuerpo necesita ayuda durante estos ajustes periódicos. Advirtieron, también, que, en cada estación, órganos distintos tenían problemas característicos. Por ejemplo, al inicio del otoño, los pulmones tienen que adaptarse al aire más frío que se respira. Mientras se realiza ese ajuste, los pulmones son susceptibles de sufrir alteraciones; por eso, pueden producirse molestias en los pulmones y nos resfriamos más fácilmente. El aparato digestivo también se ve afectado durante los cambios estacionales. El apetito aumenta y pueden producirse diarreas. Cuando la temperatura desciende, los riñones y la vejiga empiezan a causar molestias. Por ejemplo, si los riñones están fatigados, tal vez se sienta dolor en la espalda. Centrándose en estos desórdenes estacionales, los meditantes crearon un conjunto de movimientos que pueden emplearse para acelerar el ajuste del cuerpo. Presentaremos esos ejercicios Chi Kung en un próximo volumen.

Además de Marshal Yue Fei, muchas personas que no eran físicos crearon también conjuntos de Chi Kung médico. Dichos conjuntos se crearon originariamente para mantener la salud y, más tarde, también se usaron para curar enfermedades.

3. *El Chi Kung marcial – para el combate*

Probablemente, el Chi Kung marcial chino no fue desarrollado hasta que se desarrolló el Clásico del Cambio en el Músculo/Tendón de Da Mo en el Templo Shaolin,

---

6.– Hay multitud de informes en la literatura popular y profesional sobre el uso del Chi-Kung para aliviar o incluso para curar muchas enfermedades, incluido el cáncer. Se han discutido numerosos casos en las publicaciones chinas sobre Chi Kung. Un libro que describe la utilización del Chi Kung para curar el cáncer es New Chi Kung for Preventing and Curing Cancer (El Nuevo Chi Kung para Prevenir y Curar el Cáncer) (新氣功防治癌症), de Yeh Ming, Chinese Yoga Publications, Taiwan, 1986.

durante la dinastía Liang (502-557 A.D.). Cuando los monjes Shaolin se entrenaban de acuerdo con el Cambio en el Músculo/Tendón de Da Mo, descubrieron que no sólo podrían mejorar su salud sino también aumentar enormemente el poder de sus técnicas marciales. Desde entonces, muchos estilos marciales han desarrollado un grupo de ejercicios Chi Kung para aumentar su eficacia. Además, muchos estilos marciales se han creado basándose directamente en la teoría de Chi Kung. Por eso, los artistas marciales han jugado un papel fundamental en el desarrollo del Chi-Kung chino.

Cuando la teoría Chi Kung se aplicó por vez primera a las artes marciales, se utilizó para aumentar la fuerza y la eficacia de los músculos. La teoría es muy simple: la mente (Yi) se utiliza para dirigir Chi a los músculos, cargándolos de energía y que, así, funcionen con más eficacia. El hombre medio emplea, normalmente, sus músculos con una eficacia por debajo del 40%. Si se puede entrenar bajo concentración y utilizar un fuerte Yi (la mente generada desde el pensamiento claro) para dirigir Chi a los músculos de manera eficaz, podrá llenar de energía sus músculos hasta un nivel superior y, por consiguiente, aumentar su eficacia en la lucha.

Cuando la teoría de la acupuntura llegó a comprenderse mejor, las técnicas de combate lograron alcanzar incluso niveles más avanzados. Los artistas marciales aprendieron a atacar áreas específicas, tales como cavidades vitales para alterar el flujo Chi del enemigo, y crear desequilibrios que causaban lesiones y hasta la muerte. A fin de lograrlo, el practicante debía conocer la ruta y el momento exacto de la circulación Chi en el cuerpo humano. También tenía que entrenarse para poder golpear las cavidades con precisión y a la profundidad correcta. Estas técnicas de golpear en las cavidades se llaman «Dien Shiujh» (señalar las cavidades) «Dim Mak» (señalar los vasos).

La mayoría de las prácticas del Chi Kung marcial ayudan a mejorar la salud del practicante. No obstante, existen otras prácticas de Chi Kung marcial que, si bien generan una destreza especial útil para el combate, también perjudican la salud de quien las practica. Tenemos un ejemplo de ello en la Palma de Hierro y Arena. Aunque este entrenamiento genera una fuerza sorprendentemente destructiva, también puede dañar las manos y afectar a la circulación Chi tanto en las manos como en los órganos internos.

Desde el siglo VI se han creado muchos estilos marciales basados en la teoría Chi Kung. Podríamos dividirlos en estilos externos y estilos internos.

Los estilos externos destacan la elaboración de Chi en las extremidades para coordinarse con las técnicas físicas marciales. Siguen la teoría de Chi Kung Wai Dan (elixir externo), que normalmente crea el Chi en las extremidades por medio de ejercicios especiales. La mente ha de estar concentrada durante tales ejercicios para cargar de energía el Chi. Esto aumenta la fortaleza muscular de un modo significativo, y por tanto, hace más efectivas las técnicas marciales. También se puede utilizar el Chi-Kung para entrenar el cuerpo a que resista puñetazos y patadas. En este entrenamiento, se lleva Chi a la piel y a los músculos para llenarlos de energía, permitiéndoles resistir golpes sin que se produzcan lesiones. A este entrenamiento suele llamársele: «camisa de hierro» (Tiea Bu Shan) o «Escudo de la campana dorada» (Gin Jong Jaw). Los estilos marciales que usan el Chi Kung Wai Dan se denominan, normalmente, estilos externos (Wai Kung) o estilos duros (Ying kung). El estilo Shaolin Kung Fu es un ejemplo típico que emplea el Chi Kung marcial Wai Dan.

Aunque el Chi Kung Wai Dan pueda servir a los artistas marciales para que desarrollen su fuerza, tiene una desventaja. Debido a que el Chi Kung Wai Dan resalta más el entrenamiento de los músculos externos, puede provocar una hipertrofia y originar un problema llamado «dispersión de la energía» (Sann Kung) cuando el practicante envejezca. Con el fin de remediarlo, cuando un artista marcial alcanza un alto nivel de entrenamiento en el Chi Kung externo, deberá comenzar la práctica del Chi Kung interno, especializado en la curación de este problema de dispersión de energía. Por eso se dice «Shaolin Kung Fu de lo externo a lo interno».

El Chi Kung marcial interno se basa en la teoría de Nei Dan (elixir interno). Con este método, el Chi se genera en el cuerpo en vez de en las extremidades; el Chi se lleva, luego, a las extremidades para aumentar la fuerza. A fin de llevar el Chi a las extreminades, las técnicas deben ser muy suaves y la utilización de los músculos reducirse al mínimo. El entrenamiento y la teoría de Nei Dan es mucho más difícil que la de Wai Dan. Los lectores que estén interesados, pueden consultar el libro del mismo autor: «Advanced Yang Style Tai Chi Chuan – Tai Chi Theory and Tai Chi Jing».

En los montes Wuudang y Ermei fueron creados varios estilos marciales de elixir interno. Los estilos populares son Tai Chi Chuan, Ba Kua, Liu Ho Ba Fa y Hsing Yi. No obstante, es de comprender que incluso esos estilos marciales, normalmente llamados estilos suaves, debían en determinadas ocasiones emplear la fuerza muscular cuando luchaban. Por consiguiente, una vez que un artista marcial había alcanzado un grado de competencia en el Chi Kung interno, debía también aprender a utilizar técnicas más externas y de mayor dureza. Por eso se dice que: «los estilos internos van de lo suave a lo duro».

En los últimos cincuenta años, algunos practicantes de Tai Chi Chi Kung o Tai Chi Chuan han desarrollado entrenamientos orientados, principalmente, a la salud, y se llaman «Wu Chi Chi Kung», que significa «Chi Kung sin extremidades». Wu Chi es un estado de neutralidad que precede a Tai Chi, el estado de los opuestos complementarios. Cuando en la mente hay pensamientos y sentimientos, existe el Yin y el Yang; pero, si se logra paralizar la mente, se puede retornar al vacío del Wu Chi. Cuando se alcanza ese estado, la mente está concentrada y despejada, el cuerpo relajado y el Chi puede fluir de forma natural y constante, adquiriendo el equilibrio adecuado por sí solo. El Chi Kung Wu Chi ha llegado a ser muy popular en muchas partes de China, sobre todo en Shanghai y Cantón.

Puede observarse que, aunque el estudio del Chi Kung está muy extendido entre los artistas marciales en China, el principal objeto del entrenamiento fue, originariamente, más el hecho de aumentar la capacidad combativa que la salud. La buena salud era considerada un subproducto derivado del entrenamiento. Hasta este siglo no se le ha empezado a prestar mayor atención a este aspecto del Chi Kung; sobre todo en lo que respecta a las artes marciales del Chi Kung interno. Rogamos consulten la siguiente obra, de próxima aparición: «Chi Kung and Martial Arts».

4. El Chi Kung religioso – para la iluminación o budeidad

Al Chi Kung religioso, no tan popular en China como otros estilos, se le reconoce haber alcanzado el más alto logro de todas las categorías Chi Kung. Este aspecto de Chi Kung solía guardarse en secreto; sólo en este siglo ha sido revelado al profano. En China, el Chi Kung religioso comprende, principalmente, el taoísta y el budista. El propósito fundamental de su entrenamiento consiste en esforzarse por conseguir la iluminación, o lo que los budistas llaman budeidad. Pretenden elevarse por encima de los sufrimientos mundanos y escapar al ciclo continuo de la reencarnación. Ellos aseguran que todos los sufrimientos humanos están causados por siete emociones y siete deseos. Si una persona permanece ligada a esas emociones y deseos, después de su muerte habrá de reencarnarse. Para evitar la reencarnación, debe adiestrarse el espíritu para que alcance un alto grado donde sea lo bastante fuerte y pueda liberarse después de la muerte. Dicho espíritu entrará en el reino celestial y ganará la paz eterna. Esta meta es difícil de lograr en la vida cotidiana, por eso los practicantes, frecuentemente, huyen de la sociedad y se retiran a la soledad de la montaña, donde pueden concentrar todas sus energías en autocultivarse.

Los practicantes del Chi Kung religioso se entrenan para fortalecer su Chi interno y nutrir su espíritu (Shen) hasta que éste es capaz de sobrevivir a la muerte del cuerpo físico. El entrenamiento de lavado de la médula/cerebro es necesario para alcanzar ese estado. Les permite dirigir el Chi a la frente, donde reside el espíritu, y elevar el cerebro a un estado superior de energía. El uso de tal entrenamiento solía estar restringido a un grupo de monjes que había alcanzado un nivel avanzado. Los budistas tibetanos también se interesaban mucho por este entrenamiento. Durante los últimos dos mil años, los budistas tibetanos, los budistas chinos y los taoístas han seguido los mismos principios; ahora constituyen las tres principales escuelas religiosas de Chi Kung.

Este empeño religioso por obtener la iluminación o budeidad se reconoce como el nivel más elevado y difícil del Chi Kung. Muchos practicantes de esta técnica rehusaron someterse a la rigidez de este anhelo religioso, y practicaban el Chi Kung del lavado de médula/cerebro sólo con afán de longevidad. Fueron estas personas quienes, por último, revelaron los secretos de esta práctica al mundo exterior. Si el lector está interesado en conocer más acerca de este entrenamiento, debe consultar la obra «Muscle/Tendon Changing and Marrow/Brain Wahing Chi Kung», del mismo autor.

1-5. Breve historia del Tai Chi Chuan

La teoría Chi y Chi-Kung no se aplicaron a las artes marciales chinas hasta la última dinastía Liang (512-557 A.D.). El Chi Kung puede clasificarse como «externo» o «interno». Los estilos externos energetizan los músculos de las extremidades con Chi para que puedan manifestar su máxima fortaleza. Naturalmente, dicho entrenamiento desarrolla también los músculos. Los estilos internos pensaban que, para que el cuerpo físico manifestase su máxima energía, lo más importante era aprender a elaborar Chi y hacerlo circular. Sólo entonces podía energetizarse el cuerpo físico de manera eficaz. El entrenamiento, por tanto, se centraba en elaborar el Chi internamente y hacerlo circular. Para lograr esto, el cuerpo debe permanecer relajado y, hasta cierto punto, sereno. Tai Chi Chuan pertenece a esta categoría interna.

Se dice que el Tai Chi Chuan fue creado por Chang San-Feng en la era Song Wei Tzong (1101 A.D.). También se dice que técnicas y formas, con los mismos principios básicos, ya existían durante la dinastía Liang (502-557 A.D.), y que Han Goong-Yeuh, Chen Ling-Shii y Chen Bi las enseñaban. Más tarde, en la dinastía Tarng (713-905 A.D.), se descubrió que Sheu Hsuan-Pin, Li Tao-Tzu y Ien Li-Hen enseñaban técnicas marciales similares. Recibieron el nombre de las Treinta y siete Posturas (San Shih Chi Shih), Técnicas Post-celestes (Hou Tian Faa), o Nueve Pequeños Cielos (Sheau Jeau Tian), que tenía diecisiete posturas. La exactitud de estas afirmaciones es cuestionable, así que no se sabe en realidad cuándo se creó el Tai Chi Chuan ni quién lo creó. Debido a que la información más antigua recabada es sobre Chang San-Feng, éste ha recibido la mayor parte de la fama.

Según el archivo histórico Nan Lei Gi Wang Jeng Nan Moo Tzu Min: «Chang San-Feng, en la dinastía Song, fue un taoísta Wuudang. Wei Tzong (emperador Song) le mandó llamar, pero el camino estaba cortado y no se presentó. Por la noche, (Wei Tzong) soñó que el Emperador Yuen (el primer emperador Gin) le enseñaba técnicas marciales. Al amanecer, dio muerte él solo a un centenar de enemigos».[7] También, registrado en la historia de Ming Shih Fan Gi Chwan: «Chang San-Feng, del condado de Lieu Dong Yi, llamado Chuan-Yi. También, se llamó Jiun-Bao. San-Feng era un sobrenombre. Como no se preocupaba de su aseo y limpieza, le llamaban además Chang Lar-Tar (Chang el desarreglado). Era alto y corpulento, su forma asemejaba la de una tortuga, y tenía espalda de grulla; orejas grandes y ojos redondos; su barba era tan larga como una borla de lanza. Fuera invierno o verano, sólo llevaba una túnica sacerdotal. Igual ingería treinta kilos de alimento como no comía durante varios días o meses; podía caminar miles de kilómetros; le gustaba gastar bromas a la gente; se comportaba como sí no hubiese nadie cerca; solía viajar a Wuudang con sus discípulos y construyó una sencilla casa campestre en la que habitó. En el vigésimo cuarto año del Hung Wu (hacia 1939), Ming Tai Tzu (el primer

---

7.- 南雷集王征南墓誌銘：" 宋之張三豐爲武當丹士．徽宗召之．路梗不得進．夜夢元帝授之拳法．厥明以單丁殺賊百餘．"

emperador Ming) oyó hablar de él y envió un mensajero en su busca, pero no pudo encontrarlo».[8]

También se registró en la dinastía Ming, en el Ming Lan Yin Chi Shou Lei Kou: «Chang el inmortal, llamado Jiun-Bao, o Chuan-Yi, apodado Shuan-Shuan, y Chang Lar-Tar. En el tercer año del Tian Sue (1460 A.D.), visitó al Emperador Ming Ying Tzong. Le hicieron un dibujo: su barba y su bigote eran rectos y en la parte posterior de la cabeza tenía un copete. De rostro amoratado y enorme estómago, y sostenía un sombrero de bambú en la mano. En la parte superior del dibujo se leía una inscripción en la que el Emperador honraba a Chang como «Ton Wei Sien Huan Jen Ren» (un auténtico taoísta que, definitivamente, distingue y comprende muchas cosas» (Figura 1-1).[9] El registro es algo sospechoso, ya que de ser cierto, Chang San-Feng habría alcanzado por entonces la edad de 500 años.

Otros archivos afirman que las técnicas que aprendió Chang San-Feng procedían del taoísta Fon Yi-Yuen. Otra historia cuenta que Chang San-Feng era un anciano ermitaño dedicado a la meditación. Éste vio luchar a una urraca con una serpiente, tuvo una súbita percepción, y creó el Tai Chi Chuan.

Figura 1-1

8.– 明史方伎傳："張三豐遼東懿州人．名全一．一名君寶．三豐其號也．以不修邊幅，又號張邋遢，頎而偉．龜形鶴背，大耳圓目．鬚髯如戟，寒暑惟一衲蓑，所啖升斗輒盡．或數日不食，或數月不食．一日千里．善嬉戲，旁若無人．嘗與其徒遊武當，築草廬而居之．洪武二十四年，太祖聞其名，遣使覓之不得．"

9.– 明郎瑛七修類稿："張仙名君寶，字全一，别號玄玄，時人又稱張邋遢．天順三年，曾來謁帝．予見其像，鬚實竪立，一髻背垂．紫面大腹，而携笠者．上爲錫誥之文，封爲通微顯化真人．"

Después de Chang San-Feng, existieron Wang Tzong, en la provincia Shaanxi, Chen Ton-Jou, en el condado de Wen, Chang Soun-Shi, en Hai Yen, Yeh Gi-Mei, en Shyh Ming, Wang Tzong-Yeuh, en San You, y Chiang Fa, en Hebei. Las técnicas del Tai Chi se fueron transmitiendo y quedaron divididas en dos grandes estilos: el del sur y el del norte. Más tarde, Chiang Fa transfirió su arte a la familia Chen, en Chen Jar Gou (pueblo Chen), en el condado Hwai Ching, Henan. El Tai Chi fue luego transmitido durante catorce generaciones y se dividió en los estilos Antiguo y Nuevo. El Estilo Antiguo lo llevó a cabo Chen Chang-Shen, y el Estilo Nuevo lo creó Chen You-Ban.

Luego, el sucesor del Estilo Antiguo Chen Chang-Shen, transmitió el arte a su hijo, Ken-Yun, y a sus parientes Chen, Chen Hwai-Yuen y Chen Hwa-Mei. También transmitió su Tai Chi fuera de la familia, a Yang Lu-Shann y Li Bao-Kuai, ambos de la provincia de Hebei. Este Estilo Antiguo recibe el nombre de Las Trece Posturas de la Antigua Forma (Shih San Shih Lao Jiah). Posteriormente, Yang Lu-Shann lo transmitió a sus dos hijos, Yang Ban-Huo y Yang Chien-Huo. Después, Chien-Huo transmitió el arte a sus dos hijos, Yang Shao-Huo y Yang Chen-Fu. Esta rama del Tai Chi Chuan se conoce popularmente con el nombre de Estilo Yang. Además, Wu Chun-Yu aprendió de Yang Ban-Huo e inició el conocidísimo Estilo Wu.

Chen You-Ban también transfirió su Estilo Nuevo a Chin Ching-Pin, quien creó el Estilo Taso Bao Tai Chi Chuan. Wuu Yu-Larn aprendió el Estilo Antiguo de Yang Lu-Shann y el Estilo Nuevo de Chen Ching-Pin, y creó el Estilo Wuu Tai Chi Chuan. Li Yi-Yu aprendió el Estilo Wuu y creó el Estilo Li Tai Chi Chuan. Heh Wei-Jinn obtuvo su arte del estilo Li y creó el Estilo Heh Tai Chi Chuan. Suen Luh-Tarng aprendió del Estilo Heh y creó el Estilo Suen.

1-6. Teoría Chi Kung

Muchos creen que Chi Kung es un concepto difícil de comprender. En cierto modo, así es; pero debe entenderse lo siguiente: al margen de lo difícil que sean la teoría del Chi Kung y la práctica de algún estilo concreto, la teoría y los principios básicos son sencillísimos y son los mismos para todos los estilos de Chi Kung. La teoría y sus principios básicos forman la raíz de toda la práctica Chi Kung. Si usted conoce estas raíces, será capaz de comprender la clave del conocimiento y crecer. Todos los estilos Chi Kung tuvieron su origen en esas raíces, pero cada uno de ellos ha florecido de forma diferente.

En este apartado, hablaremos sobre estas teorías y principios básicos. Con ese conocimiento como base, será capaz de entender no sólo lo que debería hacer, sino, además, por qué lo hace. Naturalmente, es imposible hablar de todas las ideas esenciales del Chi Kung en un apartado tan breve. Sin embargo, ofrece a los principiantes la llave que les abrirá la puerta al extenso jardín chino del Chi Kung, con más de cuatro mil años de antigüedad. Si desea conocer más respecto a la teoría del Chi Kung, sírvase consultar «The Root of Chinese Chi Kung» (La Raíz del Chi Kung Chino), del Dr. Yang.

El Hombre y el Chi

A fin de utilizar el Chi Kung para mantener y mejorar su salud, debe saber que hay Chi en su cuerpo, y comprender cómo circula y qué puede hacer para asegurarse de que la circulación sea intensa y constante.

Ya sabe por lo dicho anteriormente que el Chi es energía, requisito indispensable para la vida. El Chi que hay en el interior de su cuerpo no puede verse, pero sí sentirse. Este Chi puede hacer que su cuerpo se sienta muy positivo (demasiado Yang) o muy negativo (demasiado Yin).

Imagínese que su cuerpo es una máquina y que Chi es la corriente que la hace funcionar. Sin esa corriente la máquina está muerta y es incapaz de ponerse en marcha. Por ejemplo, cuando usted se pellizca, siente dolor. ¿Alguna vez se ha preguntado cómo sentimos el dolor? Usted podría responder que es porque tenemos un sistema nervioso en nuestro cuerpo que percibe el pellizco y envía una señal al cerebro. Sin embargo, hay algo más que eso. El sistema nervioso es materia, y si no hubiese energía circulando por él, no funcionaría. Chi es esa energía que hace funcionar el sistema nervioso y las demás partes del cuerpo. Cuando usted se pellizca, esa zona se estimula y el campo del Chi se ve perturbado. El cerebro está diseñado para percibir estas y otras perturbaciones, y para interpretar la causa.

De acuerdo con la medicina y el Chi Kung chinos, el Chi del cuerpo está dividido en dos categorías: Chi dirigente (Ying Chi) (a veces llamado Chi Nutritivo) y Chi Guardián (Wey Chi). El Chi dirigente es la energía que ha sido enviada a los órganos para que puedan funcionar. El Chi Guardián es la energía que ha sido enviada a la superficie del cuerpo para formar un escudo que le proteja de las influencias negativas del exterior, tales como el frío. Con el fin de conservar la salud, hay que aprender a controlar estos dos tipos de Chi de manera eficaz y obtener así buenos resultados.

A Chi se le clasifica como Yin porque sólo puede sentirse, mientras que al cuerpo físico se le clasifica Yang porque puede verse. Yin es la raíz y el manantial de la vida que anima el cuerpo Yang (cuerpo físico) y manifiesta la fuerza y la energía externamente. Por lo tanto, cuando el Chi es fuerte, el cuerpo físico funciona adecuadamente y está sano, manifestando fuerza y energía.

Para gozar de un cuerpo fuerte y saludable, debe aprender a mantener constante la circulación Chi, y también a elaborar una abundante reserva de Chi. A fin de lograr ambos propósitos, primero debe entender el sistema circulatorio y de almacenamiento de Chi en su cuerpo.

Los físicos chinos descubrieron hace muchos años que el cuerpo humano tiene doce canales principales y ocho vasos por los que circula el Chi. Los doce canales son como ríos que distribuyen el Chi por todo el cuerpo, y, además, conectan las extremidades (dedos de las manos y de los pies) con los órganos internos. Me gustaría señalar aquí que los «órganos internos» de la medicina china no corresponden necesariamente a los órganos físicos que entendemos en Occidente, sino más bien a un conjunto de funciones clínicas similares entre sí, y relacionadas con el sistema orgánico. Los ocho vasos, a los que a veces se hace referencia como los vasos extraordinarios, funcionan como depósitos que regulan la distribución y circulación del Chi en el cuerpo.

Si el Chi en los ocho depósitos es fuerte y abundante, el Chi en los ríos será fuerte y será regulado de manera eficiente. Cuando tiene lugar una retención en cualquiera de los doce canales o ríos, el Chi que fluye hacia las extremidades del cuerpo y hacia los órganos internos será anormal, y puede desencadenarse la enfermedad. Debe entender que cada canal tiene su flujo de energía Chi particular y cada uno es diferente. Todos estos distintos niveles de energía Chi se ven afectados por su mente, el tiempo atmosférico, la hora del día, los alimentos que toma, e incluso por su estado de ánimo. Por ejemplo, cuando el tiempo está seco, el Chi que hay en los pulmones tiende a ser más positivo que cuando está húmedo. Cuando usted está enfadado, el flujo de Chi en el canal del hígado será anormal. La fuerza de Chi en los distintos canales varía a lo largo del día siguiendo un ciclo regular, y en cualquier momento concreto hay un canal que es el más fuerte. Por ejemplo, entre las once de la mañana y la una de la tarde, el flujo Chi del canal cardiaco es el más fuerte. Además, el nivel de Chi del mismo órgano puede variar de una persona a otra.

Siempre que el flujo de Chi en los doce ríos o canales no sea normal, será regulado por los ocho depósitos y devuelto a la normalidad. Por ejemplo, cuando usted experimenta un shock, el flujo de Chi hacia la vejiga disminuye inmediatamente. Por lo general, el depósito regulará de inmediato el Chi en este canal para que usted se recobre del shock. Sin embargo, si el depósito Chi también es escaso, o si el efecto del shock es demasiado grande y no hay tiempo suficiente para regular el Chi, la vejiga se contraerá súbitamente, causando de forma inevitable la expulsión de la orina.

Cuando una persona se encuentra mal a causa de una herida, su nivel de Chi tiende a ser demasiado positivo (exceso de Yang) o demasiado negativo (deficiencia de Yin). Un médico chino administraría un tratamiento a base de hierbas para regular el Chi, o bien aplicaría agujas de acupuntura a varios puntos de los canales para inhibir el flujo en unos canales y estimularlo en otros, a fin de que el equilibrio fuera restaurado. No obstante, hay otra alternativa: emplear determinados ejercicios físicos y mentales para regular el Chi. En otras palabras, utilizar el Chi Kung.

En los veinte últimos años, la medicina occidental ha comenzado a aceptar paulatinamente la existencia del Chi y su circulación en el cuerpo humano. Diversos estudios indican que lo que los chinos llaman «Chi» es la circulación bioeléctrica en el cuerpo. Ya ha sido aceptado de forma general por la medicina occidental que un desequilibrio en la corriente bioeléctrica es la causa principal de la mayoría de las enfermedades. La ciencia moderna está investigando ya muchas cosas que nos ayudarán a comprender mejor el Chi Kung, y aun aumentarán las posibilidades de que la medicina occidental consienta en aceptar su eficacia.

Si el Chi es la bioelectricidad que circula por el cuerpo humano, para mantener esa circulación de Chi o bioelectricidad tiene que haber una FEM (fuerza electromagnética) que genere esa diferencia de potencial eléctrico. Es igual que un circuito eléctrico, que debe conectarse a una batería u otra fuente de FEM antes de que haya corriente.

Existen dos propósitos principales en el entrenamiento de Chi Kung: primero, mantener constante la circulación de Chi (bioelectricidad), y segundo, llenar los vasos (depósitos) de Chi. Para mantener constante la circulación de Chi, debemos regular la diferencia de potencial eléctrico que controla el flujo de Chi, y también eliminar toda fuente de resistencia en su recorrido. Para llenar los vasos hemos de saber cómo aumentar la carga de nuestra «batería».

Al llegar a este punto, tal vez se pregunte: Si seguimos aumentando el FEM de la batería (depósitos de Chi), ¿no recalentará el circuito el exceso de flujo? (haciéndolo demasiado Yang). La respuesta es: sí, puede suceder. Sin embargo, su cuerpo es distinto a un circuito eléctrico normal porque está vivo y puede cambiar. Cuando el flujo de Chi sea más fuerte, su cuerpo reaccionará y se reforzará para poder aceptar ese nuevo flujo de Chi, El Chi Kung debe practicarse de forma lenta y cuidadosa para que, mientras usted elabora el Chi almacenado en sus canales, su cuerpo tenga tiempo de reajustarse. Este proceso hará también que su cuerpo sea más fuerte y saludable.

Como ve, la clave para practicar Chi Kung consiste en, además de eliminar la resistencia en los canales del Chi, mantener o aumentar el nivel de Chi (FEM) en los depósitos de Chi (batería). ¿Cuáles son las fuentes de energía en nuestra vida diaria que suministran energía a nuestros cuerpos? O, dicho de otro modo, ¿cuáles son las fuentes por medio de las cuales la FEM puede aumentarse en el circuito bioeléctrico del cuerpo, que aumentaría el flujo de bioelectricidad? Existen cuatro fuentes principales.

1. **Energía Natural.** Dado que el cuerpo está compuesto de materiales eléctricamente conductores, su campo electromagnético siempre se ve afectado por el sol, la luna, las nubes, los campos magnéticos de la tierra, y por otras energías que le rodean. Esos factores afectan la circulación de su Chi de un modo significativo, y son responsables de la configuración de su circulación Chi desde que usted se formó. La energía generada por la tecnología moderna, tal como la de la radio, televisión, hornos microondas y otros muchos objetos, está teniendo una fuerte influencia sobre nosotros.
2. **El Aire y los Alimentos.** Con el fin de preservar la vida, tomamos la esencia de los alimentos y del aire a través de la boca y de la nariz. Estas esencias se convierten, después, en Chi por medio de una reacción química producida en el pecho y en el aparato digestivo (llamados Quemadores Triples en la medicina china). Cuando el Chi se ha convertido a partir de esa esencia, se genera la FEM y el Chi circula por todo el organismo. Gran parte del Chi Kung está dedicado a la obtención de aire fresco y los tipos de alimentos adecuados.
3. **El Pensamiento.** La mente humana es la fuente más importante y eficaz de la FEM bioeléctrica. Cada vez que nos movemos para hacer algo, debemos primero generar una idea (Yi). Esa idea genera la FEM que dirige el Chi para fortalecer los músculos apropiados y así llevar a cabo el movimiento deseado. Cuanto más podamos concentrarnos, más fuerte será la FEM generada y más

fuerte será el flujo de Chi que podamos dirigir. Naturalmente, cuanto más fuerte sea el flujo de Chi dirigido a los músculos, más energizados quedarán. A causa de ello, la mente está considerada como el factor más importante del entrenamiento Chi Kung.

4. **El Ejercicio.** El ejercicio convierte la esencia de los alimentos (grasa) almacenada en el cuerpo en Chi, y, por tanto, crea la FEM. Se han creado muchos estilos Chi Kung que utilizan el movimiento con esta finalidad.

En el Tai Chi Chi Kung, la mente y los movimientos son las dos fuentes principales de FEM, aunque los otros dos también se utilizan. Por ejemplo, cuando se practica por la mañana temprano, se absorbe energía del sol. Cuando meditamos mirando hacia el sur, por la tarde, nos adaptamos al campo magnético terrestre. También, es aconsejable eliminar de la dieta los alimentos grasientos o inadecuados, y, si es ello posible, practicar en las montañas donde el aire sea puro y fresco.

1-7. Conceptos Generales del Entrenamiento Chi Kung

Antes de iniciar su entrenamiento de Chi Kung, debe conocer los tres tesoros de la vida: Jing (esencia), Chi (energía interna) y Shen (espíritu), así como la relación que existe entre ellos. Si usted carece de tal conocimiento, estará pasando por alto la raíz del entrenamiento Chi Kung y la idea básica de su teoría. Los fines esenciales del entrenamiento Chi Kung son: aprender a retener el Jing, fortalecer y nivelar el flujo de Chi e iluminar su Shen. Para conseguir tales fines debe aprender a regular el cuerpo (Tiao Shen), la mente (Tiao Xin), la respiración (Tiao Xi), el Chi (Tiao Chi) y el Shen (Tiao Shen).

Regular el cuerpo implica saber encontrar y elaborar la raíz del cuerpo, así como las formas individuales que esté practicando. Para elaborar una raíz firme, debe aprender a conservar su centro, a equilibrar su cuerpo y, lo más importante de todo, a relajarse para que el Chi pueda fluir.

Regular la mente implica aprender a mantener su mente tranquila, en paz y centrada, para que pueda juzgar las situaciones de un modo objetivo y dirigir el Chi a los lugares deseados. La mente es la clave principal en la práctica del Chi Kung.

Para regular la respiración, debe aprender a respirar de modo que su respiración y su mente se correspondan y cooperen de forma mutua. Cuando se respira de ese modo, su mente podrá alcanzar la paz más rápidamente, y, por lo tanto, concentrarse con más facilidad en el Chi gobernante.

Regular el Chi es una de las metas supremas de la práctica Chi Kung, pero para regular el Chi de manera eficaz, debe haber regulado antes el cuerpo, la mente y la respiración. Sólo entonces estará su mente lo bastante clara para percibir cómo se distribuye el Chi en el cuerpo y comprender cómo ajustarlo.

Para los sacerdotes budistas, quienes persiguen la iluminación del Buda, regular el Shen es la meta definitiva del Chi Kung. Esto les permite mantener una perspectiva neutral y objetiva de la vida. Esta perspectiva es la vida eterna del Buda. Las metas del practicante medio de Chi Kung son de orden inferior. Éste eleva su Shen para aumentar la concentración e intensificar su vitalidad. Ello hace posible que dirija el Chi eficazmente a todo el cuerpo para que lleve a cabo su tarea de dirigir y de guardar. Mediante este proceso conserva la salud y retrasa el envejecimiento.

Si usted entiende estos conceptos, pronto podrá entrar en el campo del Chi Kung. Si no presta atención a esos elementos importantes, su entrenamiento no será eficaz y estará perdiendo el tiempo.

Los Tres Tesoros: Jing, Chi y Shen

Antes de iniciar cualquier entrenamiento de Chi Kung, debe entender los tres tesoros (San Bao): Jing (esencia), Chi (energía interna) y Shen (espíritu). También se les llama los tres orígenes o las tres raíces de la vida. Jing significa la esencia, la parte más original y refinada de todas las cosas. Jing existe en todo y representa la parte más esencial de cualquier cosa que muestre sus características. Al esperma se le llama Jing Zi, que significa «esencia del Hijo», porque contiene el Jing del padre que ha pasado al hijo (o hija) y se convierte en el Jing del hijo. Jing es la fuente original de todo ser vivo, y determina la naturaleza y características de ese ser. Es la raíz de la vida.

Chi es la energía interna del cuerpo. Como ya se ha indicado, es como la electricidad que pasa a través de una máquina para mantenerla en funcionamiento. El Chi proviene bien de la conversión del Jing que recibimos de nuestros padres, o bien de los alimentos que ingerimos y del aire que respiramos.

Shen es el centro de la mente, el espíritu del ser. Es lo que nos hace humanos, porque los animales no tienen Shen. El Shen del cuerpo debe nutrirse con el Chi o energía. Cuando el Chi es abundante, el Shen se estimula.

Estos tres elementos se interrelacionan de diversas maneras. Los meditantes chinos y los practicantes de Chi Kung piensan que el cuerpo contiene dos clases generales de Chi. Al primer tipo se le denomina «Chi prenatal», y procede del Jing Original convertido, que se obtiene de los padres en el momento de la concepción. El segundo, llamado «Chi postnatal», se extrae del Jing de los alimentos que tomamos y del aire que respiramos. Cuando este Chi fluye o es dirigido hacia el cerebro, puede energizar el Shen y el alma. Este Shen energizado y elevado es capaz de dirigir el Chi a través de todo el cuerpo.

Cada uno de estos tres elementos o tesoros tiene su propia raíz. Usted debe conocer las raíces para poder fortalecer y proteger sus tres tesoros.

1. Hay muchas clases de Jing que su cuerpo necesita. A excepción del que se hereda de los padres, llamado Jing Original (Yuan Jing), todos los demás deben obtenerse de los alimentos y del aire. Entre todos estos Jings, el Jing Original es el más importante. Es la raíz y la semilla de su vida, y su fuerza esencial. Si sus padres fueron fuertes y sanos, su Jing Original será fuerte y sano, y tendrá una buena base sobre la que crecer. El pueblo chino considera que para preservar la salud y vivir muchos años hay que proteger y conservar este Jing.

La raíz del Jing Original (Yuan Jing), antes que usted naciese, estaba en sus padres. Después del nacimiento, ese Jing Original permanece en su habitáculo: los riñones, considerados la raíz del Jing. Si usted mantiene fuerte dicha raíz, tendrá suficiente Jing Original para abastecer a su organismo. A pesar de que no pueda aumentar la cantidad de Jing, el entrenamiento Chi Kung mejorará la calidad del mismo. El Chi Kung también puede enseñarle a convertir su Jing en Chi Original de manera más eficaz, y a emplearlo con mayor eficacia.

2. El Chi se obtiene a partir del Jing que se ha heredado de los padres, del Jing que se obtiene del alimento que tomamos y del aire que respiramos. El Chi convertido del Jing Original que usted ha heredado se le llama Chi Original (Yuan Chi).[10] Del mismo modo que el Jing Original es el tipo más importante de Jing, el Chi Original es el tipo más importante de Chi. Es puro y de alta calidad, mientras que el Chi de los alimentos y del aire puede volver su cuerpo demasiado positivo o negativo, dependiendo de cómo y dónde los absorba. Cuando retenga y proteja su Jing Original, podrá generar Chi Original como una corriente pura y continua. Como practicante de Chi Kung, debe saber convertir su Jing Original en Chi Original de esta manera.

   Puesto que el Chi Original procede del Jing Original, ambos tienen a los riñones como raíz. Cuando los riñones son fuertes, el Jing Original es fuerte, y el Chi Original convertido a partir del Jing Original también es abundante y fuerte. Dicho Chi reside en el Dan Tian Inferior del abdomen. Una vez que haya aprendido a convertir el Jing Original, será capaz de suministrar a su cuerpo toda la energía necesaria.

3. Shen es la fuerza que nos mantiene vivos. No tiene substancia, pero proporciona expresión y apariencia a su Jing. Shen es, también, la torre de control del Chi. Cuando Shen es fuerte, Chi es fuerte y usted podrá dirigirlo con eficacia. La raíz del Shen (espíritu) es la mente (Yi, o intención). Cuando se estimula y energiza al cerebro, su mente es más consciente y puede concentrarse con mayor intensidad. Además, su Shen se elevará. Los practicantes avanzados de Chi Kung piensan que el cerebro debe estar suficientemente nutrido por el Chi, pues el Chi es lo que mantiene la mente clara y concentrada. Con una buena provisión de Chi, la mente puede energetizarse, así como elevar el Shen e intensificar la vitalidad.

   Los niveles más profundos el Chi Kung comprenden la conversión de Jing a Chi, que después es conducido hasta el cerebro para elevar el Shen. A este proceso se le llama «Fan Jing Bu Nao» y significa «regreso al Jing para nutrir el

---

10.– Antes de nacer no tenemos Chi propio, sino que utilizamos el Chi de nuestra madre. Cuando nacemos, comenzamos a crear el Chi a partir del Jing Original que recibimos de nuestros padres. A este Chi se le llama Chi Prenatal, y también Chi Original. También recibe el nombre de Chi Preceleste (Xian Tian Chi) porque procede del Jing Original que recibimos antes de haber visto el cielo, es decir, antes del nacimiento.

cerebro».[11] Cuando el Chi se dirige hacia la cabeza, permanece en el Dan Tian Superior (centro de la frente), donde reside el Shen. Chi y Shen están mutuamente relacionados. Cuando el Shen está debilitado, el Chi también lo está y el cuerpo se deteriora rápidamente. Shen es el «cuartel general» de Chi. Del mismo modo, Chi soporta el Shen, energizándole y manteniéndole penetrante, claro y fuerte. Si el Chi de su cuerpo se halla debilitado, su Shen también lo estará.

Teoría de Entrenamiento Chi Kung

En la práctica de Chi Kung es importante comprender el principio en el que se basa todo lo que usted hace. El principio es la raíz de su entrenamiento, es esta raíz la que proporciona los resultados que usted desea. La raíz da la vida, mientras que las ramas y las flores (resultados) sólo dan belleza temporal. Si se conserva la raíz, puede seguir creciendo, pero si sólo se tiene las ramas y las flores, morirán en muy poco tiempo.

Todo estilo o práctica Chi Kung tiene su propósito y teoría específicos. Si usted no conoce ni el propósito ni la teoría, habrá perdido la raíz (significado) de la práctica. Por consiguiente, como practicante de Chi Kung, debe continuar meditando y practicando hasta que comprenda la raíz de cada forma o estilo.

Antes de iniciar el entrenamiento, debe entender que todo entrenamiento se origina en su propia mente. Debe tener una idea clara de lo que está haciendo, y la mente debe estar sosegada, concentrada y en equilibrio. Tal condición implica, también, que sus sentimientos, sensaciones y juicios deben ser objetivos y precisos; es necesario un equilibrio emocional y una mente clara. Llevar a cabo estos fines exige trabajar mucho, pero cuando haya alcanzado ese nivel ya habrá construido la raíz de su entrenamiento físico y su Yi (mente) podrá dirigir su Chi por todo el cuerpo físico.

Como ya se ha dicho antes, la práctica del Chi Kung incluye cinco elementos importantes: regular el cuerpo, regular la respiración, regular el Yi (mente), regular el Chi, y regular el Shen (espíritu). Estos son los fundamentos para practicar el Chi Kung con éxito. Sin ellos, su comprensión del Chi Kung y sus prácticas no pasarán de ser superficiales.

1. *Regular el Cuerpo (Tiao Shen)* 調身

A la regulación del Cuerpo se le llama «Tiao Shen» en chino. Significa ajustar el cuerpo hasta que se encuentre en un estado sumamente cómodo y relajado. Implica que su cuerpo debe estar concentrado y en equilibrio. De lo contrario, estará usted tenso y nervioso, y ello afectará al discernimiento de su Yi y a la circulación de su Chi. Entre los médicos chinos se dice: «(Cuando) la forma (postura corporal) no es correcta, el Chi no es constante. (Cuando) el Chi no es constante, el Yi (mente) no tiene paz. (cuando) el Yi no tiene paz, entonces el

11.– 還精補腦

12.– 形不正，則氣不順．氣不順，則意不寧．意不寧，則氣散亂．

Chi sufre un desorden».[12] Debe usted entender que la relajación de su cuerpo se origina con su Yi. Por tanto, antes de relajar el cuerpo, debe relajar o regular su mente (Yi). A esto se le llama «Shen Xin Ping Herng»,[13] que significa «Cuerpo y corazón (mente) equilibrados». El cuerpo y la mente se encuentran mutuamente relacionados. Un cuerpo relajado y equilibrado favorece la relajación y la concentración del Yi. Por el contrario, cuando el Yi está en paz y puede juzgar las cosas con precisión, el cuerpo está más concentrado, relajado y en equilibrio.

La Relajación

La relajación es una de las claves principales del éxito con Chi Kung. Debe recordar que **SÓLO CUANDO ESTÉ RELAJADO ESTARÁN ABIERTOS TODOS LOS CANALES DE Chi.** Para estar relajado, primero debe estarlo su Yi. Cuando este Yi se coordina con la respiración, el cuerpo puede relajarse.

En la práctica Chi Kung hay tres niveles de relajación. El primer nivel es la relajación física externa, o postura de relajación; éste es un nivel muy superficial, y casi todo el mundo puede alcanzarlo. Consiste en adoptar una postura cómoda y evitar tensiones innecesarias en la manera de estar de pie o en movimiento. El segundo nivel consiste en relajar los músculos y tendones. Para llevarlo a cabo debe dirigir su Yi al interior de sus músculos y tendones. Esta relajación le ayudará a abrir sus canales y permitirá que el Chi se adentre y se acumule en el Dan Tian.

La fase final es la relajación que alcanza a los órganos internos y a la médula ósea. Recuerde: **SÓLO SI USTED CONSIGUE RELAJAR PROFUNDAMENTE EL INTERIOR DE SU CUERPO, SERÁ CAPAZ SU MENTE DE DIRIGIR EL Chi ALLÍ**. Sólo en esta etapa podrá el Chi llegar a todas partes. Después, usted se sentirá más transparente (como si todo su cuerpo hubiera desaparecido). Si consigue llegar a este nivel de relajación, podrá comunicarse con sus órganos y usar el Chi Kung para ajustar y regular los desórdenes de Chi que estén causando problemas. Además, podrá proteger sus órganos de un modo más eficaz y, por consiguiente, retrasar su deterioro.

La Raíz

En toda práctica Chi Kung es importantísimo estar bien apoyado. Estar apoyado significa estar equilibrado y en firme contacto con el suelo. Si usted desea empujar un coche, tiene que estar apoyado para que la fuerza que ejerce sobre el vehículo esté equilibrada con la fuerza ejercida hacia el suelo. Si no está apoyado, cuando empuje el coche tan sólo estará usted empujándose a sí mismo y no podrá mover el coche. Su apoyo se compone de la raíz, el centro y el equilibrio de su cuerpo.

13.– 身心平衡

Antes de desarrollar su raíz , debe relajarse y dejar que su cuerpo «se sosiegue». A medida que vaya relajándose, la tensión de las distintas partes de su cuerpo desaparecerá, y descubrirá una cómoda manera de permanecer en pie. Dejará de luchar contra el suelo para mantener su cuerpo erecto, y aprenderá a confiar en la estructura de su cuerpo para soportarse a sí mismo. Ello hace que los músculos se relajen aún más. Dado que su cuerpo no lucha por mantenerse en pie, su Yi no presionará hacia arriba, y su cuerpo, mente y Chi podrán todos sumirse. Si se deja en reposo el agua sucia, las impurezas irán gradualmente depositándose en el fundo, quedando arriba el agua clara. Del mismo modo, si usted relaja su cuerpo lo suficiente para que quede en reposo, el Chi se sumirá hasta su Dan Tian Inferior, las cavidades de los «Pozos Burbujeantes» que hay en los pies, y como su mente se volverán claras. Después, ya puede comenzar a desarrollar su raíz.

Para enraizar su cuerpo debe imitar a los árboles y echar raíces invisibles bajo sus pies. Así estabilizará el entrenamiento. **SU RAIZ DEBE SER TAN ANCHA COMO PROFUNDA.** Naturalmente, su Yi debe crecer primero, porque es el Yi el que dirige al Chi. Su Yi debe ser capaz de dirigir el Chi hasta sus pies y comunicarse con la tierra. Sólo si su Yi puede comunicarse con la tierra, podrá crecer Chi por debajo de sus pies y entrar en ella para crear la raíz. La cavidad del Pozo burbujeante es la puerta que permite a Chi comunicarse con la tierra.

Después de haber logrado su raíz, debe aprender a conservar la concentración. Una concentración estable hará que su Chi se desarrolle de un modo análogo y uniforme. Si pierde esa concentración, el Chi no se dirigirá por igual. A fin de mantener la concentración en su cuerpo, debe primero concentrar su Yi y, luego, hacer coincidir el cuerpo con él. Sólo con esta condición le servirán las formas Chi Kung para obtener su raíz. La concentración física y mental es la clave que le permitirá dirigir su Chi más allá del cuerpo.

El equilibrio es producto de la raíz y de la concentración. Supone la estabilidad del Chi y el cuerpo físico. Cualquiera que sea el aspecto del equilibrio con el que esté usted tratando, equilibre primero su Yi y, sólo entonces, podrá equilibrar su Chi y su cuerpo físico. Si el Yi está equilibrado, le ayudará a emitir juicios precisos y, por tanto, a corregir el camino que ha de seguir el flujo de Chi.

Echar la raíz no se refiere únicamente al cuerpo, sino también a la forma o al movimiento. La raíz de cualquier forma o movimiento se encuentra en su propósito o principio. Por ejemplo, hay ciertos ejercicios en los que usted deseará dirigir el Chi a las palmas de las manos. Para hacerlo deberá imaginar que está empujando un objeto hacia delante aunque sus músculos permanezcan relajados. En este ejercicio, debe mantener los codos abajo para crear la sensación de raíz (apoyo) a su empuje. Si levanta los codos, usted pierde la idea de «intención» del movimiento, porque el empuje no surtiría efecto si estuviera empujando algo real. Dado que la intención o propósito del movimiento es su razón de ser, ahora tendría un movimiento sin intención y tampoco razón para llevar el

Chi a ninguna parte en particular. Por consiguiente, en este caso, el codo es la raíz del movimiento.

2. *Regular la Respiración (Tiao Xi)* 調息

Regular la respiración significa regular la acción de respirar hasta que sea relajada, constante y sosegada. Sólo si alcanza este punto podrá usted realizar una respiración profunda, delicada, prolongada y suave, requisitos necesarios para que la práctica del Chi Kung sea efectiva.

La acción de respirar se ve afectada por las emociones. Por ejemplo, cuando usted está enojado, exhala con mayor fuerza que inhala. Cuando está triste, inhala con más fuerza que exhala. Cuando su mente se encuentra sosegada y tranquila, su inhalación y su exhalación son relativamente iguales. Con el fin de mantener la respiración calmada, sosegada y constante, su mente debe antes estar serena y sus emociones inhibidas. Por tanto, para regular la respiración tiene primero que regular su mente.

La otra cara de la moneda es que usted puede utilizar la respiración para controlar su Yi. Cuando la respiración es uniforme, es como si usted estuviese hipnotizando a su Yi, lo cual ayuda a relajarlo. Ya ve que el Yi y la respiración son interdependientes y que cooperan el uno con el otro. La respiración profunda y tranquila le relaja y mantiene su mente despierta. Hace que sus pulmones se llenen de aire para que su cerebro y todo su organismo tengan un adecuado suministro de oxígeno. Además, la respiración profunda y completa permite que el diafragma se desplace arriba y abajo, con lo que los órganos reciben masaje y estímulo. Por esta razón, a los ejercicios respiratorios también se les llama «ejercicios de órganos internos».

Hacer una respiración completa y profunda no quiere decir que deba inhalar y exhalar al máximo. Ello produciría tensión en los pulmones y en los músculos circundantes, que a su vez impediría que el aire circulara libremente y dificultaría la absorción de oxígeno. Sin el oxígeno suficiente, la mente se dispersa, y el resto del organismo se pone en tensión. En la respiración correcta usted inhala y exhala a un 70% u 80% aproximadamente de su capacidad, así que los pulmones permanecen relajados.

Haga un sencillo experimento: inhale profundamente hasta llenar por completo de aire sus pulmones, y calcule cuánto tiempo puede contener la respiración. Luego, inténtelo inhalando sólo al 70% aproximadamente de su capacidad, y vea cuánto tiempo puede aguantar la respiración. Descubrirá que con el segundo método puede aguantar mucho más tiempo que con el primero. Esto se debe sencillamente a que los pulmones y los músculos circundantes están relajados. Cuando están relajados, el resto del cuerpo y la mente también se relajan, lo que hace disminuir de manera significativa la necesidad de oxígeno. Por consiguiente, cuando usted regula su respiración, la primera premisa será mantener los pulmones relajados y en calma.

Antes del entrenamiento, debe sosegarse la mente para poder regular la respiración. Cuando se ha regulado, la mente es capaz de alcanzar un nivel más elevado de tranquilidad. Dicha tranquilidad puede, una vez más, ayudarle a regular la respiración, hasta que su mente sea profunda. Después de haber practicado durante mucho tiempo, su respiración será completa y suave, y la mente estará muy despejada. Se dice: «Xin Xi Xiang Yi»,[14] que significa: «el Corazón (mente) y la respiración (son) mutuamente dependientes». Cuando se llega a ese estado de meditación, el pulso se hace más lento y la mente más despierta: habrá usted entrado en la esfera de la verdadera meditación.

Un antiguo daoísta llamado Li Ching-An dijo: «Regular la respiración significa regular la auténtica respiración hasta que (uno) se detenga».[15] Esto quiere decir que la correcta regulación significa no regular. En otras palabras, aunque usted empiece regulando su respiración conscientemente, habrá de llegar a un punto en que la regulación ocurra de forma natural, y ya nunca más tenga que pensar en ella. Cuando usted respira, si concentra su mente en el acto de respirar, no es verdadera regulación, porque el Chi que hay en los pulmones se vuelve estático. Cuando se alcanza el nivel de la verdadera regulación, no hay que prestarle atención y podrá utilizarse la mente para dirigir eficazmente el Chi. Recuerde que **DONDEQUIERA QUE ESTÉ EL YI, ALLI ESTA EL Chi. SI EL YI SE DETIENE EN ALGÚN LUGAR, EL Chi SE ESTANCARÁ. EL YI ES LO QUE DIRIGE AL Chi Y LO HACE MOVERSE**. Por este motivo, cuando usted se encuentra en un estado de respiración correcta, su mente es libre. No hay sonido, retención, urgencia ni duda, y ya puede, por último, sentirse tranquilo y en paz.

Usted comprende que cuando la respiración se regula correctamente, el Chi también es regulado. Ambos están mutuamente relacionados y no pueden separarse. La idea está explicada con frecuencia en la literatura daoísta. El daoísta Guang Cheng Zi dijo: «exhalamos y el Chi terrestre surge; inhalamos y desciende el Chi celeste; hombre verdadero (refiriéndose a alguien que ha alcanzado el verdadero Dao) es la respiración repetitiva en el ombligo, entonces mi verdadero Chi está relacionado de forma natural».[16] Dice que cuando respiremos debemos mover el abdomen, como si respirásemos desde el ombligo. El Chi terrestre es la energía negativa (Yin) que proviene de los riñones, y el Chi celeste es la energía positiva (Yang) que procede de los alimentos que tomamos y del aire que respiramos. Cuando respiramos desde el ombligo, ambos Chi se conectan

---

14.– 心息相依

15.– 調息要調無息息

16.– 廣成子曰："一呼則地氣上升，一吸則天氣下降，人之反覆呼吸於蒂，則我之真氣自然相接"

y se combinan. Muchas personas piensan que saben lo que es el «verdadero» Chi, pero en realidad no lo saben. Una vez conectados los dos Chi, sabrá lo que es el verdadero Chi, y, tal vez, se convierta en un verdadero ser humano, lo que equivale a alcanzar el Dao.

El libro daoísta Chang Dao Zhen Yan (Canto (del) Dao (con) Palabras auténticas) dice: «una exhalación, una inhalación para comunicar la función de Chi; un movimiento, una quietud son lo mismo (por ejemplo, es la fuente de) la creación y la variación».[17] La primera parte de está afirmación implica nuevamente que el funcionamiento de Chi está relacionado con la respiración. La segunda parte de esta frase significa que toda creación y variación provienen de la interacción del movimiento (Yang) y la calma (Yin). Huang Ting Jing (Clásico del Patio amarillo) dice así: «Respirad Chi Original para buscar la inmortalidad».[18] En China, los daoístas tradicionales llevaban puestas unas túnicas amarillas, y meditaban en un «patio» o sala. Esta frase quiere decir que, para alcanzar la meta de la inmortalidad, hay que tratar de descubrir y comprender que el Chi original procede del Dan Tian por medio de la correcta respiración.

Además, el daoísta Wu Zhen Ren dijo: «Utiliza la respiración postnatal para buscar el lugar de la respiración de la persona auténtica (por ejemplo, del inmortal)».[19] En esta frase está claro que para localizar el lugar donde se encuentra la respiración inmortal (el Dan Tian), debe confiar y saber regular la respiración postnatal, o natural. A través de la regulación de la respiración postnatal, irá localizando poco a poco la residencia del Chi (el Dan Tian), y finalmente podrá usar su Dan Tian para respirar como los daoístas inmortales. Finalmente, en la canción daoísta Ling Yuan Da Dao Ge (La Gran Canción daoísta sobre el Origen del Espíritu) se dice: «Los Originales (Jing, Chi y Shen originales) son transportados interiormente de un modo pacífico, para que usted pueda hacerse en verdad (inmortal); (si usted) dependiese (sólo) de la respiración externa (usted) no alcanzaría la meta final».[20] A partir de esta canción, puede usted ver que la respiración interna (respiración en el Dan Tian) es la clave para practicar los tres tesoros y finalmente alcanzar la inmortalidad. Sin embargo, debe saber cómo regular su respiración externa correctamente.

Todas estas fuentes destacan la importancia de la respiración. Existen ocho palabras clave en la respiración que un practicante de Chi Kung debe tener en

---

17.– 唱道真言曰：" 一呼一吸通乎氣機，一動一靜同乎造化．"

18.– 黃庭經曰：" 呼吸元氣以求仙．"

19.– 靈源大道歌曰：" 元和內運即成真，呼吸外求終未了．"

20.– 靈源大道歌曰：" 元和內運即成真，呼吸外求終未了．"

cuenta durante sus prácticas. Una vez comprendidas, podrá acortar sustancialmente el tiempo necesario para alcanzar sus objetivos en Chi Kung. Estas ocho palabras son: 1. Sosiego (Jing); Suave (Xi); 3. Profundo (Shen); 4. Largo (Chang); 5. Continuo (You); 6. Uniforme (Yun); 7. Lento (Huan), y 8. Delicado (Mian). Estas palabras son autoexplicativas y podrá entenderlas con un poco de reflexión.

3. *Regular la Mente (Tiao Xin)* 調心

Entre los daoístas se dice que: «(Cuando) se enseña el gran Dao, antes hay que detener el pensamiento; cuando el pensamiento no se detiene, (las lecciones son) en vano».[21] Esto significa que antes de practicar el Chi Kung, el entrenamiento más difícil consiste en detener el pensamiento. La meta definitiva de su mente ha de ser «el pensamiento del no pensamiento».[22] Su mente no piensa en el pasado, en el presente ni en el futuro. Su mente queda completamente separada de las influencias del presente, tales como la preocupación, la felicidad y la tristeza. Después su mente se encontrará sosegada y paciente, obteniendo finalmente la paz. Sólo cuando se encuentre en ese estado de «pensamiento de no pensamiento» estará relajado y podrá experimentar con calma y exactitud.

Regular la mente quiere decir emplear la consciencia para detener la actividad mental y liberarla de las ataduras de las ideas, emociones y del pensamiento consciente. Cuando alcance este nivel, su mente estará tranquila, en paz, vacía y etérea. Entonces su mente ha conseguido la relajación. Sólo cuando llegue a esta etapa, podrá relajarse profundamente en su médula y órganos internos. Sólo entonces su mente estará lo bastante despejada para ver (sentir) la circulación Chi interior y comunicarse con su Chi y sus órganos. Los daoístas lo llaman «Nei Shi Gongfu»,[23] que significa el Gongfu de la visión interna.

Cuando consiga la verdadera relajación tal vez pueda experimentar los diferentes elementos de que se compone nuestro cuerpo: materia sólida, líquidos, gases, energía y espíritu. Incluso, tal vez, puedan ver o sentir los diferentes colores que se asocian tradicionalmente con los cinco órganos: verde (hígado), blanco (pulmones), negro (riñones), amarillo (bazo) y rojo (corazón).

Una vez su mente se haya relajado y regulado, y usted pueda experimentar sus órganos internos, tal vez decida estudiar la teoría de los cinco elementos. Se trata de un tema muy profundo y, a veces, se interpreta de forma diferente por los físicos orientales y los practicantes de Chi Kung. Si lo comprende adecuadamente, puede servirle como método de analizar las interrelaciones entre sus órganos y ayudarle a concebir formas de corregir los desequilibrios.

21.– 大道教人先止念，念頭不住亦徒然．

22.– 無念之念

23– 內視功夫

Por ejemplo, los pulmones corresponden al elemento Metal y el corazón al elemento Fuego. El Metal (los pulmones) puede emplearse para ajustar el calor del Fuego (el corazón), porque el metal puede absorber gran cantidad de calor del fuego, (y enfriar así el corazón). Cuando se siente raro o inapetente (exceso de fuego en el corazón), puede utilizar la respiración profunda para calmar las emociones nerviosas o enfriar la inapetencia.
Naturalmente, necesitará mucha práctica para llegar a este nivel. Al principio, usted no debería tener ideas ni intenciones, porque harán que a su mente le cueste más trabajo relajarse y vaciarse de pensamientos. Una vez que se encuentre en estado de «no pensamiento», fije su atención en su Dan Tian. Se dice «Yi Shou Dan Tian»,[24] que significa «La Mente se contiene en el Dan Tian». El Dan Tian es origen y residencia de Chi. Su mente puede elaborar el Chi aquí (iniciar el fuego, Chi Huo), luego, dirigir el Chi a cualquier parte que desee, y, por último, devolverlo a su residencia. Cuando su mente está en el Dan Tian, el Chi siempre tiene una raíz. Si conserva esa raíz, su Chi será fuerte y pleno e irá donde usted quiera. Verá que cuando practique Chi Kung, su mente no puede quedar ni vacía ni relajada por completo. Debe hallar la firmeza dentro de la relajación, después ya puede lograr su propósito.
En la práctica de Chi Kung se dice: «Use su Yi (mente) para **DIRIGIR** su Chi» (Yi Yi YIn Chi).[25] Fíjese en la palabra **DIRIGIR**. Chi se comporta como el agua –no se la puede empujar, pero puede ser conducida. Cuando el Chi esté canalizado, circulará de manera suave y sin interrupción. Si se empuja, habrá una inundación y se infiltrará por caminos equivocados. Recuerde que dondequiera que vaya su Yi, el Chi le seguirá naturalmente. Por ejemplo, si intenta levantar un objeto, esa intención es su Yi. Ese Yi conducirá el Chi hasta los brazos para energetizar los músculos , y, entonces, el objeto podría levantarse.
Se dice que: «El Yi no puede estar en el Chi. Una vez que el Yi está en el Chi, el Chi se detiene».[26] Cuando usted desea pasear de un lugar a otro, primero debe poner en acción su intención y dirigirla al propósito, entonces su cuerpo la imitará. La mente siempre debe ir por delante del cuerpo. Si su mente se queda en el cuerpo, no es capaz de moverse.
En la práctica de Chi Kung, lo primero que hay que saber es qué es el Chi. Si usted no sabe lo que es el Chi, ¿cómo va a poder dirigirlo? Una vez que lo sepa y lo experimente, su Yi tendrá algo que dirigir. Lo siguiente que hay que saber en la práctica de Chi Kung es cómo su Yi se comunica con su Chi. Eso significa que su Yi debería poder experimentar y sentir el flujo de Chi y entender lo fuerte y constante que es. Los practicantes de Chi Kung Tai Chi, dicen que su

24.– 意守丹田

25.– 以意引氣

26.– 意不在氣，在氣則滯

Yi debe «escuchar» a su Chi y «comprenderle». Escuchar aquí quiere decir prestar mucha atención a lo que usted experimenta y siente. Cuanta más atención preste y más aumente su consciencia, mejor podrá comprender. Sólo después de que haya entendido la situación de Chi, podrá su Yi establecer la estrategia. En el Chi Kung su mente y su Yi deben generar la idea (visualice su intención), la cual es como una orden a su Chi de cumplir cierta misión.

Cuanto más se comunique el Yi con el Chi, mejor podrá dirigirse éste último. Por esta razón, como principiante de Chi Kung, debe primero aprender sobre el Yi y el Chi, y también aprender a ayudarles a comunicarse eficazmente. Yi es la clave de la práctica Chi Kung. Sin el Yi no podría usted dirigir el Chi, mucho menos generar la fuerza del Chi o hacer que circulase por todo el cuerpo.

Recuerde **CUANDO EL YI ES FUERTE, EL Chi ES FUERTE, Y CUANDO EL YI ES DÉBIL, EL Chi ES DÉBIL**. Por tanto, el primer paso consiste en desarrollar el Yi. El secreto principal de un Yi fuerte es la **TRANQUILIDAD**. Cuando se está tranquilo, las cosas se ven con claridad y nada de lo que nos rodea puede importunarnos. Si su mente está sosegada, podrá concentrarse.

Confucio dijo: «Primero debes estar tranquilo; luego, tu mente podrá estar serena. Una vez que tu mente esté serena, estará en paz. Sólo cuando estés en paz, serás capaz de pensar y progresar finalmente».[27] Este procedimiento también se aplica a la meditación o al ejercicio de Chi Kung: Primero Tranquilidad, después Serenidad, Paz, Pensamiento y, por último, Progreso. Cuando practique Chi Kung, primero debe aprender a estar emocionalmente tranquilo. Luego, verá qué es lo que desea y despejará su mente (serenidad). Esta calma y claridad mental es su intención o Yi (el modo en que se genera su Yi). Sólo después que usted sepa lo que de verdad desea podrá su mente alcanzar la paz y relajarse emocional y físicamente. Una vez alcanzada esta etapa, tiene que concentrarse o pensar con el fin de llevar a cabo su intención. Este estado reflexivo de la mente concentrada será imitado por su Chi y usted conseguirá realizar su deseo.

4. *Regular el Chi (Tiao Chi)* 調氣

Antes de regular su Chi debe regular su cuerpo, su respiración y su mente. Si compara el cuerpo con un campo de batalla, la mente será como el general que genera ideas y controla la situación, y la respiración la estrategia. El Chi son los soldados que se sitúan en los lugares más ventajosos del campo de batalla. Los cuatro elementos son necesarios, y los cuatro han de coordinarse entre sí si deseamos ganar la guerra a la enfermedad y al envejecimiento.

Si desea disponer a sus soldados para la batalla del modo más eficaz, debe saber qué área del campo de batalla es la más importante y dónde tiene el

27.– 孔子曰："先靜爾後有定，定爾後能安，安爾後能慮，慮爾後能得。"

punto más débil (donde su Chi sea deficiente) al que necesita enviar refuerzos. Si en una zona tiene más soldados de los necesarios (exceso de Chi), puede enviarlos a otro lugar donde las posiciones estén más debilitadas. Como general, deberá saber también de cuántos soldados dispone para la batalla, y cuántos necesitará para su propia protección y la de su cuartel general. Para tener éxito, no basta sólo con una buena estrategia (respiración), sino que, además, es preciso que se comunique con sus tropas y conozca perfectamente su situación, de lo contrario su estrategia será en vano. Cuando su Yi (el general) sepa regular el cuerpo (conozca el campo de batalla), regular la respiración (planear la estrategia) y regular eficazmente el Chi (dirigir a sus soldados), podrá usted alcanzar el fin definitivo del entrenamiento Chi Kung.

Para regular el Chi y que éste se desplace regularmente por los canales adecuados, hace falta algo más que una comunicación eficaz entre el Yi y el Chi. También hay que saber generar Chi. Si no dispone usted de suficiente Chi en su cuerpo, ¿cómo podrá regularlo? En una batalla, si no dispone de soldados suficientes para poner en marcha su estrategia, está perdido.

Cuando practique Chi Kung, lo primero que ha de hacer es conseguir que su Chi fluya de forma natural y constante. Existen ejercicios en los que se retiene intencionadamente Yi, por tanto Chi, en áreas concretas. Sin embargo, como principiante, debería aprender antes a hacer que el Chi fluya de forma continua en vez de levantar barreras a Chi; lo que se hace normalmente en el entrenamiento de Chi Kung marcial externo.

A fin de conseguir que Chi fluya de forma natural y constante, primero debe relajar su Yi. Sólo cuando su Yi esté relajado lo estará su cuerpo y se abrirán los canales para que circule Chi. Después, debe coordinar su flujo de Chi con la respiración. Respirar de forma regular y sosegada tranquilizará su Yi y permitirá a su cuerpo una relajación aún mayor.

5. *Regular el Espíritu (Tiao Shen)* 調神

En una batalla, hay una cosa más importante que cualquier otra: el espíritu de lucha. Se puede tener el mejor general, que conozca bien el campo de batalla y, además, sea un experto estratega, pero si sus soldados no tienen un elevado espíritu de combate (moral), aun así, podría perder. Recuerde: **EL ESPÍRITU ES EL EJE Y LA RAÍZ DEL COMBATE**. Si nos ceñimos a ese eje, un sólo soldado puede valer por diez. Cuando su espíritu está alto, el soldado obedece las órdenes con precisión y de buen grado y su general puede controlar la situación con eficacia. En una batalla, para que el soldado porte esta clase de moral, debe saber por qué lucha, cómo hacerlo y lo que espera después. En estas condiciones, sabrá qué está haciendo y por qué, y este conocimiento hará que crezca su moral, reforzará su voluntad y aumentará su paciencia y resistencia.

Lo mismo ocurre con el Chi Kung. Para alcanzar ese propósito definitivo deberá poseer tres ejes espirituales básicos: voluntad, paciencia y resistencia.

El Shen, que significa «espíritu» en chino, se origina a partir de Yi (el general). Cuando el Shen es fuerte, el Yi es sólido. Cuando el Yi es sólido, el Shen estará sereno y tranquilo. **EL SHEN ES LA PARTE MENTAL DEL SOLDADO. CUANDO EL SHEN ES ELEVADO, EL Chi ES FUERTE Y SE DIRIGE CON FACILIDAD. CUANDO EL Chi ES FUERTE, EL SHEN TAMBIÉN ES FUERTE.**

Todos estos conceptos y procedimientos son comunes a todo el Chi Kung chino; debería ceñirse a ellos también cuando practique Tai Chi Chuan. Para alcanzar un profundo nivel de comprensión y penetrar la esencia de cualquier práctica Chi Kung, debe tener presentes estos cinco criterios de entrenamiento y ensayarlos con niveles más profundos de significado. Es el único modo de obtener verdaderos beneficios para su salud mental y física con el entrenamiento. Recuerde siempre que la esencia del entrenamiento Chi Kung no sólo está en las formas. Sus sentimientos y su comprensión son las raíces fundamentales de todo entrenamiento. El lado Yin del entrenamiento no tiene límite, y, cuanto más sepa, más percibirá lo que le queda por saber.

1-8. Tai Chi Chuan y Chi Kung

Lo tratado anteriormente puede resumirse del modo siguiente:

1. El Tai Chi se creó en su origen como un estilo de las artes marciales, y se empleó en el combate. Para alcanzar el más alto nivel de capacidad combativa era necesario el entrenamiento Chi Kung.
2. Tai Chi Chi Kung no es más que un estilo de Chi Kung marcial, y el Chi Kung marcial es sólo una categoría de Chi Kung chino. Muchos de los movimientos Tai Chi Chi Kung eran una adaptación de las formas Tai Chi Chuan.
3. Tai Chi Chi Kung se distingue de muchos otros sistemas marciales Chi Kung en que resalta la suavidad y elabora el Chi internamente, con la práctica del Nei Dan, aunque también practica Wai Dan mediante suaves movimientos corporales. Es distinto a otros muchos estilos marciales Chi Kung, relativamente más duros desde el punto de vista físico, que hacen más hincapié en la práctica Wai Dan.
4. Durante los últimos cincuenta años, Tai Chi Chi Kung se ha venido practicando, sobre todo, con fines curativos más que marciales.

A continuación, para comprender el Tai Chi Chi Kung, debemos analizar las razones de su entrenamiento.

1. Ayudar a los principiantes a sentir su Chi. Los principiantes no suelen tener ni la más ligera idea de lo que es Chi. El Tai Chi Chi Kung les va enseñando, de un modo progresivo, el conocimiento de Chi a través de los sentidos y de la experiencia. Esta clase de conocimiento es necesario para cualquier tipo de avance en Tai Chi. Por esa razón, a los principiantes de Tai Chi se les suele enseñar algunas de las numerosas formas simples Wai Dan.

2. Enseñar a los principiantes a regular el cuerpo, la respiración y el Yi. Una vez se haya comprendido la idea de Chi, se empieza a aprender el modo de regular el cuerpo. Esto incluye aprender a relajar el cuerpo desde la piel hasta los órganos internos y la médula ósea. Por medio de la relajación, usted será capaz de sentir y experimentar su centro, equilibrio y raíz. También, debe aprender a regular la respiración –la respiración abdominal normal para la relajación y la respiración abdominal inversa para conseguir la condensación y expansión de Chi. Y lo más importante de todo, debe aprender a regular su mente hasta que se encuentre tranquila y concentrada, sin distracciones. Todos estos criterios son claves imprescindibles para practicar correctamente Tai Chi Chuan. Si comienza a aprender Tai Chi Chuan sin antes haber realizado este entrenamiento básico, estará absorto por la complejidad de los movimientos y sólo será capaz de ejecutarlos de manera superficial.
3. Enseñar a los principiantes en Tai Chi a utilizar su Yi para dirigir el Chi con eficacia. Una vez que haya regulado su cuerpo, su respiración y su mente, será capaz de utilizar la mente concentrada para hacer que el Chi circule de manera constante y eficaz.
4. Enseñar a los practicantes de Tai Chi a hacer circular el Chi por los doce canales primarios y a rellenar los dos vasos principales. Si es usted capaz de utilizar su mente para dirigir el Chi con eficacia, habrá completado el entrenamiento básico de Tai Chi. Este será el momento de aplicar las formas Tai Chi o entrenamiento secuencial. Además, debe continuar su entrenamiento Tai Chi Chi Kung y aprender a fortalecer su concentración hasta un nivel superior. Por añadidura, debería también aprender a aumentar el Chi en los dos vasos principales –el Vaso de Concepción Yin y el Vaso Gobernador Yang. Aquí suele emplearse la meditación estática.
5. Enseñar a los practicantes de Tai Chi a expandir su Chi hasta la superficie de la piel y a condensar el Chi hasta la médula ósea. Cuando el Chi corporal se ha elaborado hasta alcanzar un nivel superior, entonces comienza el aprendizaje para dirigir el Chi hasta la piel y aumentar su sensibilidad, y en el interior de los huesos para nutrir la médula.
6. Enseñar a los practicantes de Tai Chi a usar el Chi para energetizar los músculos hasta la manifestación máxima de Jing. Cuando ya sea capaz de llevar el Chi hasta la piel y condensarlo hasta la médula de forma eficaz, podrá, entonces, emplear este Chi para energizar los músculos a un nivel elevado. Éste es el secreto del Jing interno (Nei Jing). El Jing interno representa la base y la raíz del Jing externo (Wai Jing).
7. Llevar al practicante avanzado de Tai Chi a dominar el cultivo espiritual. El fin último de la práctica del Tai Chi Chi Kung es conducirle al dominio del vacío en el que todo su ser se encuentra en estado Wu Chi (sin extremidad). Una vez alcanzada esta meta, el Chi que hay en su cuerpo y el de la naturaleza se unirán y unificarán, y todos los deseos humanos irán desapareciendo gradualmente.

A pesar de que muchos maestros de Tai Chi han creado ejercicios Chi Kung, la mayoría de las formas de entrenamiento que se emplean hoy día han sido adoptadas de la secuencia Tai Chi. Por ejemplo, el empuje, la grulla despliega sus alas, las manos ondulantes en las nubes, etc. se vienen utilizando normalmente para el entrenamiento Chi Kung.

Para que pueda comprender por qué el Tai Chi Chuan se ha hecho más popular que cualquier otro estilo del Chi Kung, primero debe comprender las diferencias existentes entre el Tai Chi Chi Kung y la gran mayoría de sistemas Chi Kung.

1. Dado que el Tai Chi Chuan fue creado en su origen con fines marciales, cada movimiento tiene su propósito defensivo o de ataque. Esto significa que la intención del Yi debe ser fuerte en cada movimiento y permite al practicante dirigir el Chi con más fuerza y eficacia a las extremidades, órganos internos y a la médula. Debido al fuerte énfasis en el Yi, el flujo de Chi puede ser más fluido, y lograr un mayor aumento de Chi que con las prácticas usuales Chi Kung que no resaltan tanto el Yi.
2. A fin de manifestar la energía Jing de Tai Chi con eficacia y eficiencia, lo primero que hay que hacer es almacenar el Jing. Almacenar el Jing (en el Yi, Chi, y postura) es Yin, mientras que manifestar el Jing es Yang. El Tai Chi le otorga la misma importancia al lado Yin que al lado Yang, y, en consecuencia, puede equilibrar el Yin y el Yang del cuerpo y evitar extremos poco saludables. En esto se diferencia de numerosas prácticas Chi Kung que dan más importancia al lado Yang que al Yin. Los practicantes que resaltan el entrenamiento Yang no enferman con facilidad, pero, como sus cuerpos se vuelven Yan, envejecen más deprisa de lo normal.
3. El Tai Chi Chi Kung incluye los entrenamientos Nei Dan y Wai Dan, y es más completo que aquellos sistemas Chi Kung que sólo dan importancia a uno de los dos.
4. El Tai Chi Chi Kung no sólo elabora la circulación Chi en los canales primarios, sino también el Chi Guardián en la piel y el Chi de la médula en los huesos. Además, el Tai Chi Chi Kung también enseña al practicante cómo aumentar el nivel de almacenamiento y circulación de Chi en los dos vasos principales –los Vasos de Concepción y Gobernador.
5. El Tai Chi es suave y no utiliza la tensión muscular que emplean la mayoría de los estilos Chi Kung en mayor o menor grado. El Tai Chi Chi Kung destaca el empleo del Yi para dirigir el Chi en un cuerpo relajado, y no emplea la tensión para energetizar los músculos. Así le resulta más sencillo al practicante alcanzar un estado de meditación tranquilo y sosegado. El practicante consigue eliminar la tensión mental y física y alcanzar un nivel superior de relajación. Esta es la clave para conservar y mejorar la salud física y mental.

1-9. Cómo Usar este Libro

Cualquier tipo de Chi Kung que practique, lo primero que deberá preguntarse es: ¿Qué?, ¿Por qué? y ¿Cómo? «Qué» significa: «¿Qué busco?», «¿Qué espero?» y «¿Qué debo hacer?» Luego, se preguntará: «¿Por qué lo necesito?», «¿Por qué funciona?», «¿Por qué debo hacerlo de esta manera y no de otra?». Por último, deberá decidir: «¿Cómo funciona?», «¿Cuánto he avanzado en mi propósito?». Y «¿Cómo podré avanzar más?».

Es muy importante comprender lo que se está practicando, no sólo repetir automáticamente lo que se ha aprendido. Comprender es la raíz de cualquier tarea. Con la comprensión usted será capaz de conocer su propósito. Una vez conocido, su mente estará segura y serena. Mediante la comprensión, usted sabrá por qué algo ha ocurrido y cuáles son los principios y teorías que se ocultan tras ello. Sin todo esto, realizará el trabajo a ciegas y el proceso será largo y penoso. Sólo deberá preguntarse cómo va a llevarlo a cabo cuando esté seguro de cuál es su propósito y por qué necesita lograrlo. Las respuestas a todas estas preguntas forman la raíz de su entrenamiento, y le ayudarán a evitar el titubeo y la confusión que produce la incertidumbre. Si se aferra a esta raíz, podrá aplicar la teoría y desarrollarla –sabrá crear. Sin la raíz, lo que aprenda será sólo como ramas y flores que con el tiempo se marchitarán.

En China se cuenta una historia sobre un anciano que tenía la capacidad de convertir un trozo de piedra en oro. Un día, fue a verle un muchacho y le pidió ayuda. El anciano dijo: «¡Muchacho! ¿Qué deseas? ¿Oro? Puedo darte todo el oro que quieras». El muchacho respondió: «No, Maestro, no es tu oro lo que yo deseo. Lo que quiero es conocer el secreto para convertir las piedras en oro». Cuando sólo se tiene oro, lo gastas todo y vuelves a ser pobre. Por la misma razón, al aprender Chi Kung debe aprenderse la teoría y el principio en que se fundamenta, no sólo la práctica. Comprender la teoría y el principio no sólo acorta el tiempo de meditación y práctica, sino que, además, permite practicar con mayor eficacia.

Una de las facetas más difíciles del proceso de entrenamiento es aprender, de verdad, a realizar los ejercicios correctamente. Todo movimiento en el Chi Kung tiene su significado y propósito específico. Para estar seguro de que sus movimientos o ejercicios son correctos, lo mejor es trabajar con la cinta y el libro conjuntamente. Existen algunos aspectos importantes que, tal vez, no sepa usted interpretar con la lectura, pero, al verlos quedarán claros. Hay otras ideas importantes a las que ha sido imposible dedicarles el tiempo necesario para su explicación en la cinta de vídeo, tales como la teoría y los principios; éstos sólo pueden explicarse en el libro. No podemos negar que bajo la tutela de un maestro se puede aprender con mayor rapidez y perfección de lo que es posible empleando únicamente cintas y libros. Lo que va a echar de menos es la experiencia y el consejo del maestro. No obstante, si medita con cuidado y practica con paciencia y perseverancia, podrá compensar esta deficiencia por medio de su propia experiencia y práctica. El libro y la cinta de video están diseñados con una finalidad autodidacta. Descubrirá que son la llave que abre la puerta al mundo del Chi Kung.

Para terminar, debe practicar con paciencia y perseverancia. Le hará falta mucha fuerza de voluntad y una gran dosis de disciplina. Como ya dijimos arriba, tal vez encuentre distintas versiones de Tai Chi Chi Kung impartidas por maestros diferentes. No se deje confundir por dichas versiones. Tiene que entender que no importa qué versión practique; la teoría y principios básicos seguirán siendo los mismos. Lo más importante es fortalecer en profundidad sus conocimientos teóricos para que su mente esté clara y usted sepa dónde se dirige.

CAPÍTULO 2

LA RAÍZ DEL TAI CHI CHUAN YIN Y YANG

La teoría de Yin y Yang es la raíz del Tai Chi Chuan, y la fuente de la que fue creado y configurado. Los ejercicios Chi Kung, que forman parte esencial de la práctica del Tai Chi, también se basan en esta teoría. Es, por tanto, deseable que se comprenda la teoría Yin-Yang para poder tener una idea clara de lo que se está intentando llevar a cabo en la práctica.

2-1. El Concepto de Yin y Yang, Kan y Lii

Yin y Yang

Los chinos creen, desde hace mucho tiempo, que el universo está formado por dos fuerzas opuestas –Yin y Yang– que deben equilibrarse mutuamente. Cuando estas fuerzas comienzan a perder su equilibrio, la naturaleza busca un medio de restablecerlo. Si el desequilibrio es significativo, sobreviene el desastre. No obstante, cuando estas dos fuerzas se combinan y actúan entre sí de forma constante y armoniosa, manifiestan energía y generan millones de seres vivos.

La teoría de Yin y Yang también se aplica a las tres grandes fuerzas naturales: el cielo, la tierra y el hombre. Por ejemplo, si las fuerzas Yin y Yang celestes (es decir, la energía que llega hasta nosotros del cielo) entran en desequilibrio, puede haber tornados, huracanes u otros desastres naturales. Cuando las fuerzas Yin y Yang pierden su equilibrio en la tierra, los ríos pueden cambiar su curso y pueden producirse terremotos. La experiencia ha demostrado que el equilibrio del Yin y el Yang en el hombre se ve afectado por los equilibrios de la tierra y el cielo. De forma similar, el equilibrio del Yin y el Yang de la tierra se ve afectado por el Yin y el Yang celeste. Por consiguiente, si usted desea gozar de un cuerpo sano y vivir mucho tiempo, es preciso que sepa regular el Yin y el Yang de su cuerpo y coordinar su Chi con la energía Yin y el Yang del cielo y de la tierra. El estudio del Yin y el Yang en el cuerpo humano es la raíz de la medicina china y el Chi Kung.

Los chinos han clasificado todo cuanto hay en el universo de acuerdo al Yin y al Yang. Esto abarca incluso los sentimientos, los pensamientos, los sistemas y el espíritu. Por ejemplo, lo femenino es Yin y lo masculino Yang, la noche es Yin y el día Yang, lo débil es Yin y lo fuerte Yang, lo pasado es Yin y lo futuro Yang, lo triste es Yin y lo alegre Yang, la defensa es Yin y el ataque Yang, y así sucesivamente.

Los practicantes de la medicina china y de Chi Kung creen que deben aspirar a comprender el Yin y el Yang de la naturaleza y el cuerpo humano antes de poder ajustar y regular el equilibrio energético del cuerpo dentro de un estado más armonioso. Sólo entonces podrá conservarse la salud y corregirse las causas de la enfermedad.

Hablemos ahora de cómo se define Yin y Yang y de cómo se aplica el concepto de Yin y Yang al Chi que circula por el cuerpo humano. Muchas personas, incluso algunos practicantes de Chi Kung, aún están confusas al respecto. Cuando se dice que el Chi puede ser Yin o Yang, no quiere decir que existan dos clases diferentes de Chi como masculino y femenino, agua y fuego o cargas positivas y negativas. Chi es energía, y la energía misma no tiene Yin ni Yang. Es como la energía generada al unir la carga negativa con la positiva. Dichas cargas tienen el potencial de generar energía, pero no son la energía misma.

Cuando se dice que Chi es Yin o Yang, significa que el Chi es demasiado fuerte o demasiado débil para un caso concreto. Es relativo y no absoluto. Naturalmente, implica que el potencial que genera el Chi es fuerte o débil. Por ejemplo, el Chi del sol es Chi Yang y el Chi de la luna es Chi Yin. Esto es debido a que la energía solar es Yang en comparación con el Chi Humano, mientras que la de la luna es Yin. En cualquier conversación sobre energía en que las personas se ven envueltas, se emplea como estándar el Chi Humano. La gente se interesa especialmente por lo que tiene que ver con ella de forma directa, por eso es natural que nos interesemos en primer lugar por el Chi Humano y nos inclinemos por examinar el Chi desde la perspectiva del Chi humano. Esto es diferente a mirar el universo desde la perspectiva de la Tierra.

Sin embargo, cuando contemplamos el Yin y el Yang del Chi que se halla en el interior del cuerpo humano y en relación con él, debemos redefinir nuestro punto de referencia. Por ejemplo, cuando alguien muere, su Chi humano residual (Goe Chi o Chi fantasma) es débil comparado con el de una persona viva. Por lo tanto, el Chi fantasma es Yi mientras que el de la persona viva es Yang. Cuando se habla del Chi que hay en el interior del cuerpo, por ejemplo en el canal Pulmonar, el punto de referencia es el estado normal y saludable del Chi en ese lugar. Si el Chi es más fuerte de lo que es en estado normal, es Yang, y, como es natural, si es más débil, será Yin. Existen doce partes del cuerpo humano que se consideran órganos en la medicina china, de los cuales seis son Yin y seis Yang. Los órganos Yin son el corazón, los pulmones, los riñones, el hígado, el bazo y el pericardio, y los órganos Yang son el intestino grueso, el intestino delgado, el estómago, la vesícula biliar, la vejiga urinaria y el quemador triple. En términos generales, el nivel de Chi de los órganos Yin es inferior al de los órganos Yang. Los órganos Yin almacenan la Esencia Original y procesan la Esencia obtenida de los alimentos y del aire, mientras que los órganos Yang se ocupan de la digestión y de la excreción.

Cuando el Chi de cualquiera de sus órganos no se encuentra en su estado normal, usted se siente molesto. Si dista mucho del estado normal, el órgano comenzará a funcionar mal y puede que usted enferme. Cuando ocurre esto, el Chi de todo el cuerpo se verá afectado y usted se sentirá demasiado Yang, tal vez con fiebre, o demasiado Yin, con la debilidad típica después de la diarrea.

Los fenómenos naturales tales como el tiempo atmosférico, el clima y los cambios de estación también afectan el nivel del Chi corporal. Por consiguiente, al clasificar el nivel de Chi corporal, el punto de referencia es el nivel que parece más adecuado a esos fenómenos concretos. Naturalmente, cada uno de nosotros es un tanto diferente, y lo que parece mejor y más natural para una persona, tal vez sea algo distinto de lo que sea adecuado para otra. Por eso el médico suele preguntar: ¿Qué tal se siente? Se nos juzga según nuestro propio criterio.

La respiración está íntimamente relacionada con el Chi y, por tanto, también se considera Yin o Yang. Cuando usted espira, expele el aire de sus pulmones, su mente se desplaza hacia fuera y el Chi que rodea al cuerpo se expande. En las artes marciales chinas, suele emplearse la espiración para expandir el Chi y energizar los músculos durante el ataque. Por tanto, se entiende que la espiración es Yang, expansiva, ofensiva y fuerte. Como es natural, basándose en la misma teoría, la inspiración se considera Yin.

La respiración está íntimamente relacionada con las emociones. Cuando usted se enfada, la respiración se hace más rápida y breve, es decir Yang. Cuando está triste, el cuerpo es más Yin e inspira más que espira a fin de absorber el Chi del aire para equilibrar el Yin corporal y restablecer el equilibrio del cuerpo. Cuando está excitado y feliz, el cuerpo es Yang y la espiración es más prolongada que cuando inspira para eliminar el exceso de Yang, causado por la excitación.

Como dijimos arriba, la mente también está íntimamente relacionada con el Chi. Por lo tanto, cuando el Chi es Yang, la mente también suele ser Yang (excitada) y viceversa. También se puede clasificar a la mente en relación al Chi que la generó. La mente (Yi), generada del Chi reposado y tranquilo obtenido de la Esencia Original, se considera Yin. La mente (Hsin), que se origina con la Esencia de los alimentos y del aire, es emocional, dispersa y excitada, y se considera Yang. El espíritu, relacionado con el Chi, también puede clasificarse como Yang o Yin basándose en su origen.

No confundir el Chi Yin y el Chi Yang con el Chi Fuego y el Chi Agua. Cuando se menciona el Yin y el Yang del Chi, se refiere al nivel de Chi en relación a algún punto de referencia. No obstante, cuando se mencionan el Chi de Agua y Fuego, se refiere a la calidad del Chi. Si tiene interés en seguir leyendo acerca del Yin y el Yang del Chi, sírvase consultar «The Root of Chinese Chi Kung» (La Raíz del Chi Kung chino) y «Muscle/Tendon Changing and Marrow/Brain Wahing Chi Kung» (Chi kung del cambio Músculo/tendón y lavado de Médula/cerebro.

Kan y Lii

Los términos Kan y Lii aparecen con frecuencia en los documentos Chi Kung. En los Ocho Trigramas Kan representa el «Agua», mientras que Lii representa el «Fuego». Sin embargo, también se emplean a menudo los términos cotidianos de agua y fuego. El entrenamiento Kan y Lii han sido durante largo tiempo de importancia primordial para los practicantes de Chi Kung. A fin de saber el porqué, debe usted conocer estas dos palabras y la teoría que tras ellas se esconde.

Lo primero que debe saber es que, aunque Kan-Lii y Yin-Yang están relacionados, Kan y Lii no son Yin y Yang. Kan es el Agua, capaz de enfriar su cuerpo y hacerlo más Yin, mientras que Lii es el Fuego, que calienta su cuerpo y lo hace más Yang. Kan y Lii son los métodos o causas, mientras Yin y Yang son los resultados. Cuando Kan y Lii se ajustan o se regulan adecuadamente, Yin y Yang estarán equilibrados e interactuarán en armonía.

Los practicantes de Chi Kung consideran que el cuerpo siempre es demasiado Yang, a menos que se esté enfermo o no se haya comido durante mucho tiempo, en cuyo caso el cuerpo puede ser más Yin. Como el cuerpo es siempre Yang, degenera y se consume. Se cree que ésta es la causa del envejecimiento. Si usted logra usar el Agua para enfriar el cuerpo, será capaz de retardar ese proceso degenerativo y, en consecuencia, alargar la vida. Ésta es la razón principal por la que los practicantes del Chi Kung chino han venido estudiando las formas de mejorar la calidad del Agua que hay en sus cuerpos, y de reducir la cantidad de Fuego. Yo creo que, como practicante de Chi Kung, debería usted conceder prioridad a este aspecto en el estudio e investigación. Si se medita y se experimenta con entusiasmo y seriedad, es posible adquirir la habilidad de regularlos.

Si desea aprender a regularlos, debe saber que el Agua y el Fuego significan muchas cosas en el cuerpo. La primera se relaciona con el Chi. El Chi se clasifica como Fuego o Agua. Cuando el Chi no es puro y produce calentamiento del cuerpo físico e inestabilidad (Yang) en el cuerpo espiritual/mental, se clasifica como Chi de Fuego. El Chi que es puro y capaz de enfriar ambos cuerpos, el espiritual y el físico (hacerlos más Yin) se considera Chi de Agua. No obstante, el cuerpo nunca puede ser plenamente Agua. El agua enfría el Fuego, pero nunca podrá extinguirlo del todo, porque entonces usted moriría. También se dice que el Chi de Fuego es capaz de agitar y estimular las emociones, y de estas emociones se genera una «mente». Dicha mente recibe el nombre de Hsin, y se considera la mente de Fuego, mente Yang o mente emocional. Por el contrario, la mente que genera el Chi de Agua es tranquila, sabia y uniforme. Esta mente recibe el nombre de Yi, y se considera la mente de Agua o mente de la sabiduría. Si su espíritu se nutre de Chi de Fuego, aunque su espíritu sea muy elevado, quedará disperso y confuso (un espíritu Yang). Naturalmente, si el espíritu se nutre y se forma de Chi de Agua, será firme y consistente (una mente Yin). Cuando su Yi sea capaz de gobernar su Hsin emocional de forma efectiva, su voluntad será firme (fuerte intención emocional).

Como deducirá de este argumento, su Chi es la causa principal del Yi y Yang de su cuerpo físico, su mente y su espíritu. Para regular el Yin y el Yang del cuerpo, debe aprender a regular el Chi de Fuego y Agua de su organismo, pero para hacerlo adecuadamente deberá conocer sus fuentes.

Una vez haya entendido los conceptos de Yin-Yang y Kan-Lii, tendrá que pensar en cómo regular Kan y Lii para poder equilibrar el Yin y Yang de su cuerpo.

En teoría, a un practicante de Chi Kung le gustaría conservar su cuerpo en un estado de equilibrio Yin-Yang, lo que significa el punto «central» de las fuerzas Yin y Yang. Este punto se denomina normalmente «Wu Chi» (sin extremidades). Se cree que Wu Chi es el estado original y natural en que Yin y Yang no se distinguen. En el estado Wu Chi, la naturaleza está sosegada y tranquila. En el estado de Wu Chi, todas las fuerzas de Yin y Yang se han combinado gradual y armoniosamente hasta desaparecer. Cuando se aplica la teoría Wu Chi a los seres humanos, es el objetivo final de la práctica Chi Kung donde la mente es neutral y absolutamente tranquila. El estado Wu Chi hace posible encontrar el origen de la vida, y combinar el Chi con el Chi de la naturaleza.

El objetivo final del Tai Chi Kung y del Tai Chi Chuan es encontrar ese estado lleno de paz natural. Para alcanzarlo, debe en primer lugar conocer el Yin y el Yang de su cuerpo para poder equilibrarlos regulando su Kan y Lii. Sólo cuando su Yin y Yang estén equilibrados podrá encontrar el punto central del equilibrio, el estado Wu-Chi.

En teoría, entre los dos extremos Yin y Yang hay millones de caminos (distintos métodos Kan y Lii) que pueden guiarle hasta el centro neutral. Esto explica los cientos de estilos diferentes de Chi Kung creados a lo largo del tiempo. Comprenderá que la teoría de Yin y Yang y los métodos de Kan y Lii sean la raíz del entrenamiento en todos los estilos Chi Kung chinos. Sin esa raíz, la esencia de la práctica Chi Kung se perdería.

2-2. Yin y Yang en el Tai Chi Chuan

El libro de Tai Chi de Wang Tzong-Yeuh, dice: «¿Qué es el Tai Chi? Se genera a partir del Wu Chi. Es la madre de Yin y Yang. Cuando se mueve, se divide. En descanso, se reúne».[1] Según las escrituras taoístas chinas, el universo estaba en principio carente de vida. El mundo acababa de enfriarse de su llameante creación y todo estaba neblinoso y difuso, sin diferenciación ni separación, sin límites ni extremos. Este estado se llamó «Wu Chi» (literalmente: «sin extremo»). Más tarde, la energía natural existente se dividió en dos extremos, conocidos como Yin y Yang. Esta polaridad recibió el nombre de Tai Chi, que significa «Gran Extremo» o «Gran Extremidad», o también «Muy Extremo». Ésta es la separación inicial que permite y provoca todas las demás separaciones y cambios.

Puede entenderse por esta explicación que el Tai Chi (Gran Extremo) no es el Wu Chi. Tai Chi se produjo de Wu Chi y es la madre de Yin y Yang, lo que significa que Tai Chi es el proceso existente entre Wu Chi y Yin y Yang. Entonces, ¿qué es Tai Chi? Es la fuerza oculta capaz de llevar al Wu Chi a la división de Yin y Yang, y también de conducir al Yin y Yang divididos a la unidad de Wu Chi. En los seres humanos, esa fuerza oculta se llama Yi. Yi es la intención y la motivación a la acción y a la tranquilidad. Yi es la fuerza que combina Yi Yang en Wu Chi. Cuando dicha fuerza oculta se aplica al Chi o energía natural, es la FEM (Fuerza electromagnética) la que crece o disminuye. En una palabra, Tai Chi es la «causa» del Wu Chi y de la división en Yin y Yang.

1.– 王宗岳：" 太极者，無极而生，陰陽之母也，
動之則分，靜之則合． "

Cuando la teoría Yin y Yang se aplica al hombre, su acción fundamental es su Yi (mente sabia). Es su mente la que decide si usted desea cambiar su estado Wu Chi en el estado Yin y Yang, o si desea dirigirse de Yin y Yang a Wu Chi. Eso significa que su Yi es la FEM que decide la situación por entero: su estrategia Yin y Yang, sus acciones o los movimientos Dhi del Tai Chi Chi Kung.

También se dice: «Tai Chi origina dos polos, dos polos producen cuatro fases, cuatro fases generan ocho trigramas (puertas), y ocho trigramas inician sesenta y cuatro hexagramas» (Fig. 2-1). Así, hasta el Tai Chi está dividido en Yin y Yang; Yin y Yang se dividen de nuevo en Yin y Yang, y así sucesivamente sin parar. Por ejemplo, cuando Yin y Yang se dividen en estrategia de combate, cada uno de ellos debe subdividirse en Yin y Yang, y cada Yin y Yang deben equilibrarse entre sí. Cuanto más hondo pueda usted analizar estos estratos y subdivisiones de Yin y Yang y conseguir que se equilibren entre sí, con mayor profundidad podrá comprender el Tai Chi Chuan y el Tai Chi Chi Kung.

A continuación quisiera señalar los conceptos básicos de Yin y Yang en el entrenamiento del Tai Chi. Espero que ello colabore a proporcionarle una idea más clara de la esencia del Tai Chi, y por lo tanto a evitar errores y confusión en el entrenamiento.

1. Tai Chi se compone de: A. Meditación Estática (Yin), y B. Meditación en movimiento (Yang) (Figura 2-2).

La meditación estática Yin fortalece la mente (es decir, la FEM del Chi), y elevar el Chi a un nivel superior. La meditación estática del Tai Chi Chi Kung puede abrir los

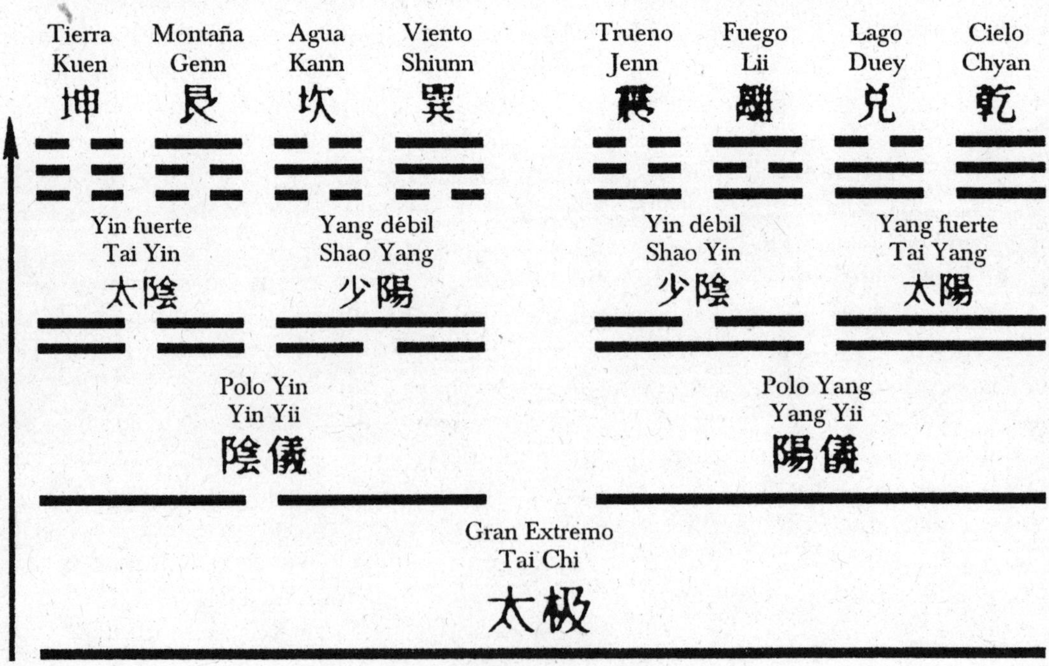

Figura 2-1
Los Ocho Trigramas proceden del Tai Chi

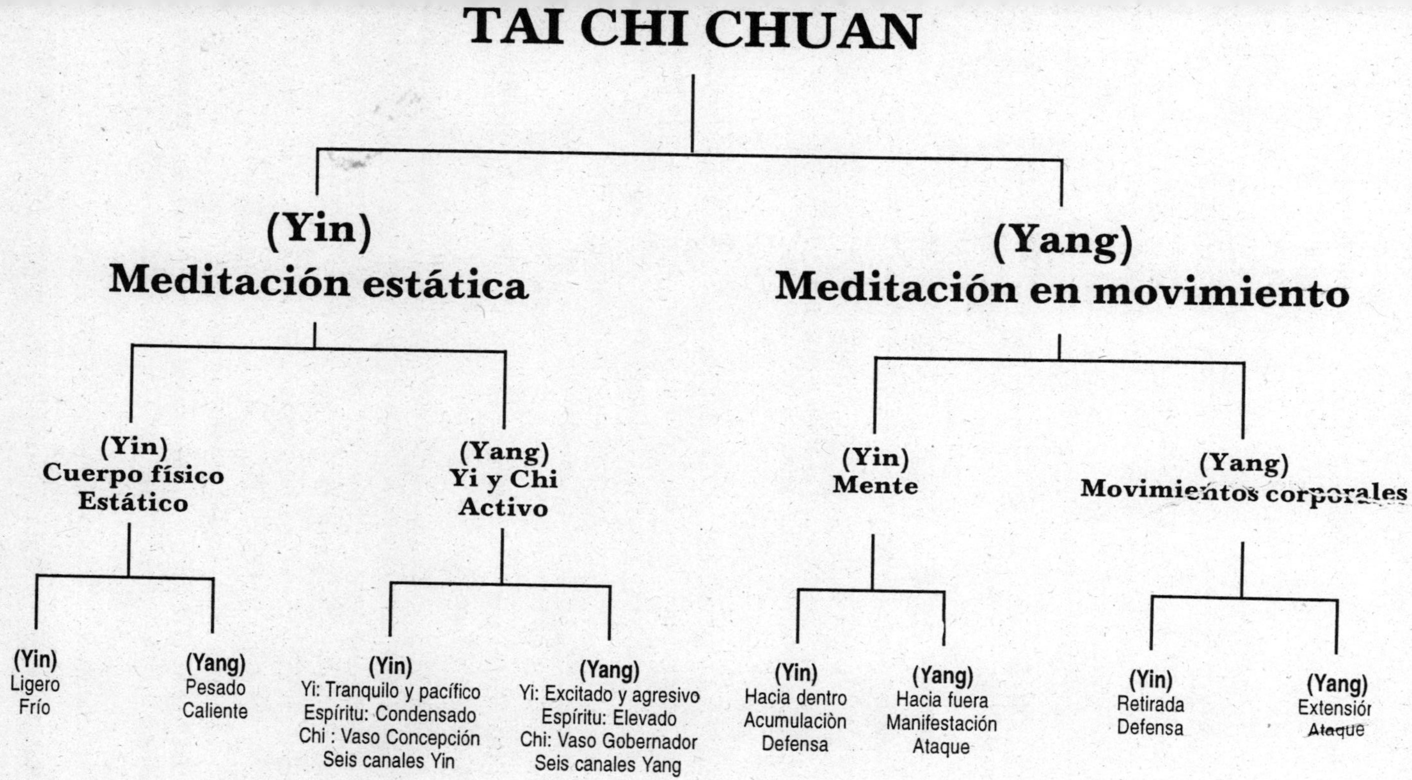

Figura 2-2
El Yin y el Yang del Tai Chi

conductos de los Vasos Concepción (Yin) y Gobernador (Yang), y aumentar el Chi almacenado en ellos. Cuando el Chi de estos dos Vasos es abundante, la circulación Chi en los doce canales primarios será abundante, y, por consiguiente, su cuerpo físico será capaz de funcionar con mayor eficiencia. Desarrollar el Yi y el Chi a través de la meditación estática es el origen de la energía física. Recuerde: **EL CUERPO FÍSICO SÓLO PUEDE MANIFESTAR SU FUERZA CUANDO EL CHI ES FUERTE. CHI ES EL LADO YIN DE LA ENERGÍA, MIENTRAS QUE LA MANIFESTACIÓN FÍSICA ES EL LADO YANG.**

Según esta teoría, la meditación en movimiento se considera Yang porque manifiesta el Yi y el Chi almacenados por la meditación estática Yin, a través de las acciones del cuerpo físico.

El modo correcto del entrenamiento Tai Chi marcial es practicar tanto con la meditación estática Yin y la manifestación física en movimiento Yang por igual. Muchos practicantes de Tai Chi ignoran aún hoy la meditación estática Yin y sólo practican la manifestación externa en movimiento. No se dan cuenta de que fortalecer el Yi y el Chi es la clave del Chi Kung y el entrenamiento de la energía marcial (Jing).

La meditación estática y la de movimiento también pueden dividirse en Yin y Yang:

A. La Meditación Estática se compone de: a. El Estatismo del Cuerpo (Yin), y b. La Actividad del Yi y Chi (Yang).

En la meditación estática, el cuerpo físico debe estar muy quieto, relajado y tranquilo. Esto abre los canales Chi y permite que el Yi dirija el Chi con fuerza y sin estancamientos. La quietud del cuerpo físico es Yin. No obstante, para elaborar el Chi y hacerlo circular con fuerza, el Yi debe ser fuerte y la circulación Chi ha de ser viva y activa. Por tanto, la actividad del Yi y del Chi se clasifica como Yang.

a. El Estatismo del Cuerpo se compone de: i. Ligero y Frío (yin), y ii. Pesado y Cálido (Yang).

Durante la meditación estática se experimenta una sensación diferente. En general, cuando se inspira, el cuerpo físico se siente ligero y frío, y cuando se espira pesado y cálido. Como es natural, todos estos síntomas están íntimamente relacionados con la estrategia del Chi Kung, la respiración.

b. La Actividad del Yi y del Chi se compone de: i. El Yi es tranquilo y sosegado y el espíritu se condensa. El Chi circula por el Vaso de la Concepción y los seis canales Yin, y se condensa en el interior de la médula y del cerebro (Yin), y ii. El Yi se excita y se vuelve agresivo, y el espíritu se eleva. El Chi circula por el Vaso Gobernador y los seis canales Yang, y se expande por la piel (Yang).

B. La Meditación en Movimiento se compone de: a. Mente (Yin) y b. Movimiento (Yang).

En la meditación en movimiento, aunque los movimientos físicos estimulan el cuerpo la mente debe permanecer tranquila para poder dirigir el Chi de forma constante y sosegada. Por consiguiente, el movimiento del cuerpo físico es Yang y la mente sosegada es Yin

a. Mente: i. Chi en condensación para la Defensa o Almacén Jing (Yin), y ii. Chi en expansión para el Ataque (Yang).

Cuando la mente está defendiendo o almacenando Jing para un ataque, dirigirá el Chi hacia dentro, el cuerpo sentirá frío, y el Chi del cuerpo se condensará en la médula. A esta mente se la clasifica como Yin. Dicho proceso de condensación suele coordinarse con la inspiración en la respiración abdominal inversa, y la inspiración también se clasifica como Yin.

Sin embargo, cuando la mente está en ataque, dirige el Chi a la superficie de la piel y a las extremidades para energizar los músculos a un nivel más alto de eficacia. Cuando esto ocurre, el cuerpo se siente cálido y la energía del cuerpo tiene la sensación de expandirse. Por eso, se clasifica como Yang. Normalmente, este proceso ofensivo se coordina con la espiración en la respiración abdominal inversa, que también se clasifica como Yang.

b. Movimiento: i. Retirada y Defensa (Yin), y ii. Expansión y Ataque (Yang).

En el movimiento del Tai Chi Chuan, los movimientos de retirada y defensa son Yin, mientras que los de expansión y ataque son Yang. Cuando se alcanza el nivel en que el Yi, Chi y los movimientos están unidos, se habrá tocado la esencia del Tai Chi Chuan.

Naturalmente, los movimientos defensivos Yin del Tai Chi pueden volver a dividirse en Yin y Yang. Por ejemplo, un movimiento de retirada completamente defensivo es una defensa Yin, mientras que, si la retirada se emplea para lanzar un ataque, se considera una defensa Yang. Esto se debe a que el Yi permanece Yang, aunque el movimiento sea Yin.

De manera similar, en el Yang expansivo, movimientos de ataque, si el movimiento de ataque es puramente para golpear es Yang. Sin embargo, si el movimiento ofensivo se emplea para preparar una retirada, el Yi es Yin, así que el movimiento es estratégicamente Yin.

2. La Respiración Tai Chi comprende: A. Respiración normal (Yin) y B. Respiración Inversa (Yang) (Figura 2-3).

La respiración se considera la estrategia del Chi Kung chino. El modo de coordinar la respiración le permite regular su cuerpo y dirigir su Chi con eficacia. En Tai Chi existen dos maneras de respirar de uso común. La primera recibe el nombre de «respiración abdominal normal» o «respiración budista», mientras que la otra se denomina «respiración abdominal inversa» o «respiración taoísta». En la respiración abdominal normal, al inspirar el abdomen (o Dan Tien) se expande, y al espirar el abdomen se repliega. Sin embargo, en la respiración abdominal inversa, el abdomen (o Dan Tien) se retrae al inspirar y se expande al espirar. Normalmente resulta más fácil mantener el cuerpo relajado y la sensación de bienestar con la respiración abdominal normal, por eso es el método que suelen emplear quienes practican Tai Chi sólo con fines curativos.

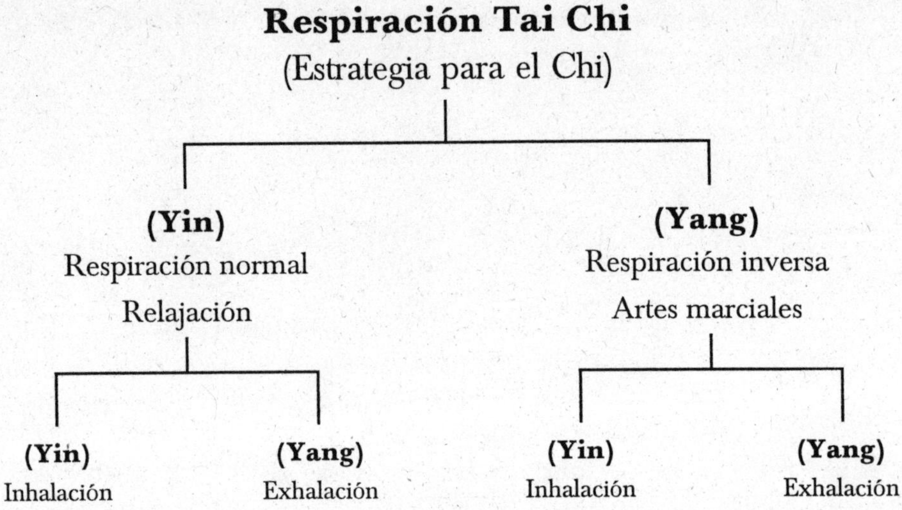

Figura 2-3
La respiración Yiny Yang

En cuanto a la respiración abdominal inversa, muchos practicantes de Tai Chi tienen hoy la falsa creencia de que la técnica de respiración inversa se opone a la vía del Tao. No es cierto; sólo que se emplea con propósitos diferentes. Haga este sencillo experimento: ponga una mano sobre su abdomen y la otra delante de usted, como si estuviese empujando algo. Inspire profundamente y, cuando espire, imagine que está empujando un objeto pesado. Comprenderá con facilidad que, al intentar empujar con la mayor fuerza posible, automáticamente emplea la respiración inversa. Ése es el método que suele emplearse en las competiciones de levantamiento de peso. Los competidores con frecuencia llevan puesto un cinturón ancho para que les sujete el abdomen y aumente su fuerza.

La razón fundamental de la respiración inversa es bastante simple. Se puede dirigir un flujo mucho más fuerte de Chi a las extremidades y manifestar más energía si, al mismo tiempo, también se dirige otra corriente de Chi al Dan Tien. Lo que está de acuerdo con la ley básica de la física que afirma que para cada acción debe haber una reacción igual y opuesta. Si aún no está convencido, haga otro experimento: Infle un balón, y coloque una mano sobre su abdomen para ver cómo se mueve.

Verá a través de estos experimentos que la respiración inversa está de acuerdo con el Tao. Debería emplearse siempre que haya que dirigir Chi a las extremidades para manifestar la energía, como cuando está luchando. Dado que expande el Chi y energiza el cuerpo, se le considera Yang en comparación con la respiración normal.

A. La Respiración Normal comprende: a. Inspiración (Yin), y b. Espiración (Yang).

En la respiración normal, la inspiración se clasifica como Yin porque el Chi se dirige desde las extremidades al Dan Tien, y la espiración es Yang porque el Chi se dirige hacia las extremidades.

B. La Respiración Inversa comprende: a. Inspiración (Yin), y b. Espiración (Yang).

De forma similar, en la respiración inversa, la inspiración se clasifica como Yin porque el Chi se dirige de las extremidades al Dan Tien y desde la piel a la médula ósea. Naturalmente, la espiración es Yang porque el Chi se dirige a las extremidades desde el Dan Tien y hacia la piel desde la médula ósea.

3. El Tai Chi Jing comprende: A. Ni Jing (Yin), y B. Wai Jing (Yang); también A. Defensivo (Yin), y B. Ofensivo (Yang).

Hay dos formas de clasificar el Yin y Yang del Jing (energía) Tai Chi. La primera según el modo en que se generó el Jing, y la segunda según la finalidad del Jing.

En primer lugar, el Jing Tai Chi se puede clasificar como Nei Jing (Jing Interno), que es Yin; y Wai Jing (Jing externo), que es Yang. El entrenamiento Nei Jing es la clave fundamental que permite al Wai Jing manifestar su fuerza máxima. El Nei Jing comprende el modo de reforzar el Chi a un nivel superior y el modo de dirigir Chi desde el Dan Tien hasta las extremidades para energizar los músculos. La mente es extremadamente importante en el entrenamiento Nei Jing, y los métodos son primordiales. El maestro no suele revelar el entrenamiento Nei Jing al discípulo hasta que éste no sea de confianza.

El Wai Jing se ocupa de los movimientos físicos del Jing, lo que incluye el movimiento desde la raíz de la postura, cómo usar la cintura para dirigir el Jing desde las piernas hasta las extremidades, y cómo manifestar y utilizar la energía. Aplicando la analogía de una máquina, Wai Jing se ocupa de la cantidad de energía que entra en la máquina. Recuerde que: **LA POTENCIA Y EFICACIA DE LA MÁQUINA SE DETERMINA POR MEDIO DE LA ENERGÍA SUMINISTRADA.**

A continuación, si clasificamos el Jing según su propósito, el Jing defensivo (Shoou Jing) es Yin mientras que el Jing ofensivo (Fa Jing) es Yang. Ejemplos típicos del Jing defensivo son el Jing Oyente, el Jing Complaciente, el Jing Dirigente y el Jing Neutralizante. Ejemplos típicos de Jing ofensivo son el Jing de Empuje, el Jing que Golpea, el Jing que Rechaza, etc.

El Jing también puede clasificarse según el modo en que se manifieste. Por ejemplo, el Jing que se apoya más en los músculos que en el Chi se clasifica como Jing Duro (Yang), mientras que el Jing que disminuye el uso de los músculos a un nivel muy bajo, se clasifica como Jing Blando (Yin). Naturalmente, al igual que todos los demás casos de clasificación, éstos son susceptibles de posteriores subdivisiones.

4. El Secreto del Yin y Yang en la práctica Tai Chi.

Los ajustes de Kan-Lii y Yin-Yang son claves fundamentales para alcanzar el éxito en el Chi Kung, y regularlos es uno de los principales aspectos tanto del entrenamiento como de la investigación. Según la experiencia adquirida en los últimos mil años, un practicante de Nei Dan Chi Kung que desee ajustar su Kan y Lii de manera eficaz, debe aprender a regular su Yi y la respiración. También existen varias

«Chiaw Men» (Puertas Falsas) que se han mantenido en secreto, y que sólo se han enseñado cuando el discípulo se ha ganado la confianza del maestro. Uno de los secretos consiste en tocar con la lengua en el paladar bucal. Esto une el Vaso de Concepción Yin con el Vaso Gobernador Yang. Sin ello, el Chi podría estancarse en la zona bucal y hacer el cuerpo demasiado Yang.

Otro secreto del entrenamiento Nei Dan consiste en usar el Yi y el movimiento de la cavidad Huiyin (Figura 2-4) y el ano. Cuando se realiza esta operación en combinación con una respiración correcta, se logra ajustar el Yin y Yang del cuerpo con eficacia. Es bastante sencillo: si usted emplea la respiración normal, cuando inspira y expande su abdomen, también expande suavemente el Huiyin y el ano, y cuando espira y relaja el abdomen, sostiene con suavidad el Huiyin y el ano. Es importante saber que **SOSTENER NO SIGNIFICAR LEVANTAR O TENSAR. LA TENSION PRODUCE ESTANCAMIENTO.**

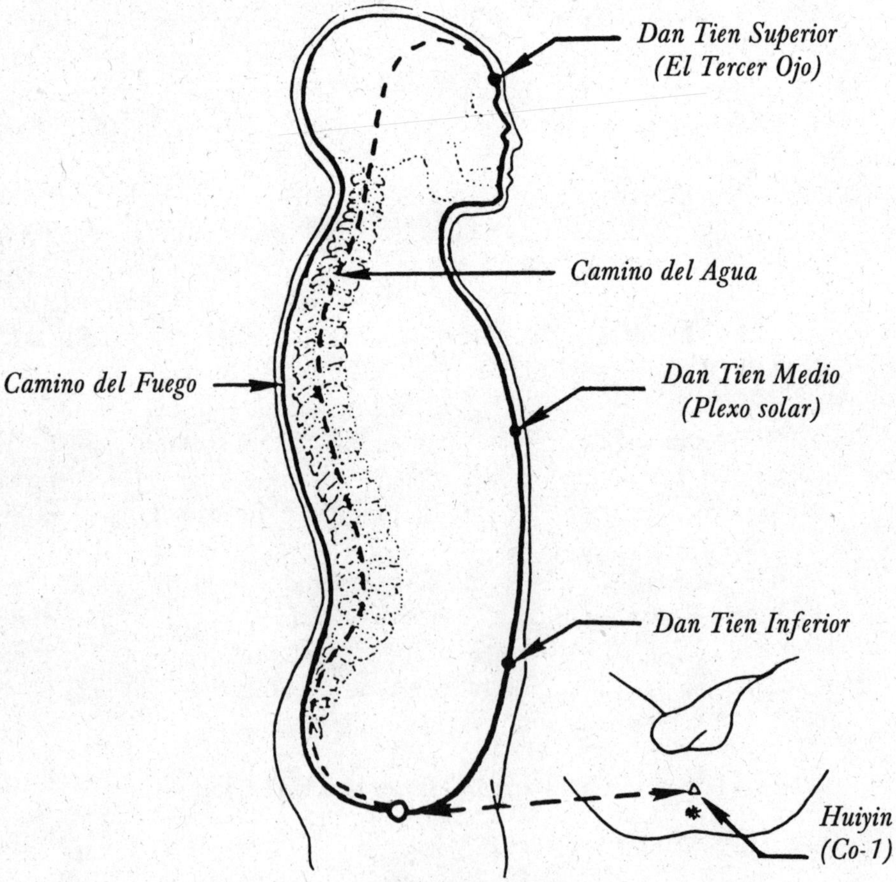

Figura 2-4
La cavidad Huiyin

Practicar Tai Chi Chuan con la respiración normal relaja el cuerpo y la mente y abre los doce canales primarios. Así podrá seguir gozando de buena salud. Con la respiración normal, al inspirar el Dan Tien Inferior se expande, y, con suavidad, expande el Huiyin y el ano, al mismo tiempo que usted emplea su Yi para dirigir el Chi a la parte inferior de sus pies y, mucho más, al interior de la tierra. No obstante, al espirar, el Dan Tien Inferior se contrae, y usted sostiene suavemente su Huiyin y el ano, usando al mismo tiempo su Yi para dirigir el Chi hacia arriba hasta llegar al Baihui. Se trata de un proceso purificador y relajante que se emplea en casi todas las prácticas Chi Kung. La respiración normal y la coordinación del Huiyin y el ano son la clave para relajar tanto el cuerpo físico como el mental, y es uno de los modos más eficaces de cambiar el cuerpo de Yang a Yin.

Con la respiración abdominal inversa, usted contrae el abdomen y sostiene el Huiyin y el ano al inspirar, y expande el abdomen y, con suavidad, expande su Huiyin y el ano cuando espira. Esto le permite energizar el cuerpo y dirigir el Chi fuera de la piel en la espiración, y dirigir el Chi al interior de la médula y los órganos internos al inspirar. La inspiración también dirige Chi hacia arriba hasta el cerebro a través de la columna (interior). Si realiza esto correctamente, se sentirá frío y ligero, y tal vez experimente también una sensación de elevación. Cuando espire de este modo sentirá calor, expansivo, pesado y como si se hundiese. Comprenderá que la inspiración es un modo de hacerse más Yin, mientras que la espiración es una manera de volverse más Yang. La inspiración es Kan mientras que la espiración es Lii.

Resumiendo, cuando se practica Tai Chi Chi Kung es importante acordarse de mantener el ápice de la lengua en contacto con el centro del paladar (de la boca). Hay que hacerlo con suavidad, porque si se ejerce demasiada presión, los músculos de la lengua se tensarán e impedirán la circulación Chi. Además, debe recordar que su Huiyin y el ano deberán moverse arriba y abajo en combinación con la respiración. Como siempre, su Yi sigue siendo la clave principal para ajustar con éxito el Yin y el Yang. La respiración normal es más eficaz para dirigir el Chi hacia dentro y hacia fuera.

5. Otros.

Existen muchas otras cosas en Tai Chi que se clasifican como Yin y Yang, pero nos ocuparía demasiadas páginas tratar de todas ellas. Sin embargo, trataremos con brevedad algunos ejemplos típicos.

A. La raíz es Yin y las extremidades son Yang. En el Jing Tai Chi, la energía es generada desde las piernas, dirigida por la cintura, y manifestada por las extremidades. La raíz es el origen de la energía y es, por tanto, Yin, y las extremidades manifiestan su fuerza y son, por tanto, Yang.

B. La relajación es Yin y la tensión es Yang. Cuando usted se relaja, su cuerpo y su mente están tranquilos; el Chi puede dirigirse al interior de los órganos y la médula. La relajación, por tanto, es Yin. Cuando usted está tenso, los músculos están manifestando su fortaleza y la energía se manifiesta sobre la superficie del cuerpo, así que la tensión es Yang.

C. El centro de la palma de la mano es Yin mientras que el canto y los dedos son Yang. En la palma, el Chi se distribuye desde la cavidad laogong (Figura 2-5) hasta el canto y los dedos. Por consiguiente, el centro es Yin mientras que el canto es Yang.

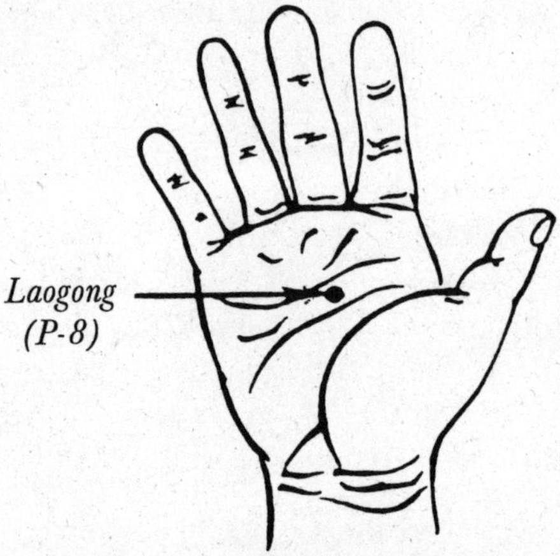

Figura 2-5
La cavidad Laogong

D. Cuando las palmas de las manos miran hacia arriba o al frente, se emite energía y por eso son Yang. Cuando miran hacia el cuerpo o hacia abajo, la energía se conserva y son Yin.

E. El ataque es Yang y la defensa es Yin. Cuando usted ataca, la mano atacante es Yang y la pierna posterior que soporta el ataque es Yin. También, si agarra usted la mano de su oponente y tira, la mano que realiza el tirón es Yang, mientras que la pierna anterior que soporta es Yin. Recuerde que Yin es la raíz, la fuente y la causa de la energía, mientras que Yang es la energía misma.

Una vez más, todos los ejemplos de Yin y Yang se pueden subdividir en otros Yin y Yang, y así sucesivamente. Cuanto más hondo consiga llegar, mejor comprenderá el Tai Chi. Esta es la manera de comprender la esencia y la raíz del Tai Chi Chuan.

CAPÍTULO 3
TAI CHI CHI KUNG

3-1. Conceptos del Entrenamiento General

Antes de adentrarnos en la práctica del Tai Chi Chi Kung, quisiéramos señalar algunas cosas. En primer lugar, si usted considera su práctica Chi Kung como una batalla contra la enfermedad y el envejecimiento, entonces su cuerpo será el campo de batalla, su mente el general, su respiración la estrategia, su Chi los soldados y su espíritu la moral del general y de los soldados. Por consiguiente, para ganar esa batalla, deberá conocer el campo de batalla (su cuerpo) y aprender a situarlo en la posición más ventajosa para la batalla. El general (la mente) que está a cargo de la batalla deberá ser tranquilo, sabio y conocer siempre lo que está haciendo, para que, así, pueda desarrollar la mejor estrategia (la respiración). Cuando el campo de batalla, el general y la estrategia (el cuerpo, la mente y la respiración) estén correctamente organizados, los soldados (el Chi) podrán ser dirigidos con eficacia. También le hará falta un gran espíritu combativo y mucha moral.

Cuando practique Chi Kung, debería siempre prestar mucha atención a la regulación del cuerpo, la respiración y la mente. Debe continuar regulándolos hasta que la mente no sea necesaria en el proceso y la regulación tenga lugar de forma automática. Entonces será capaz de sentir el Chi y su Yi podrá dirigirlo fácil y uniformemente. Por último, podrá dirigir el Chi hasta la cabeza y nutrir el cerebro y elevar su espíritu de vitalidad.

En segundo lugar, aunque consiga aprender la teoría y los movimientos que enseña este manual, los movimientos no estarán tan vivos ni su conocimiento de ellos será tan detallado como si los hubiera aprendido de un instructor. En otras palabras, aunque un libro le ofrezca un tema teórico en detalle que, al final, le lleve a un profundo conocimiento del mismo, con frecuencia estará poco claro y será equívoco en su descripción del movimiento. La cinta de vídeo puede remediar tal deficiencia. Sin embargo, aunque posea ambas cosas: la cinta y el libro, seguirá sin apreciar del todo el ejercicio. La sensación interna es uno de los aspectos más importantes del ejercicio que puede transmitir un instructor. No obstante, a pesar de todos estos obstáculos, miles de practicantes de Chi

Kung han alcanzado un buen nivel de práctica a través de la lectura, la meditación y el entrenamiento. Si comprende usted la teoría, conoce los movimientos y practica paciente e inteligentemente, irá acumulando poco a poco bastante experiencia como para conocer muy a fondo el ejercicio. Sólo podrá decir que ha adquirido la esencia del entrenamiento cuando tenga esa sensación de haberlo logrado.

En tercer lugar, recuerde que la teoría es el lado Yin del conocimiento, mientras que la práctica es el lado Yang que manifiesta la teoría. Esto significa que, si de verdad desea comprender el ejercicio, debe atender tanto al estudio del mismo como a su práctica. Ambos se ayudan entre sí, para que Yin y Yang crezcan juntos y le conduzcan a usted a la esencia de la práctica. Si está interesado en saber más acerca de la teoría Chi Kung, sírvase consultar las demás publicaciones sobre Chi Kung y Tai Chi de YMAA.

En este capítulo analizaremos las claves y conceptos generales para realizar con éxito el entrenamiento Chi Kung. Después, hablaremos del calentamiento. Los principiantes con frecuencia omiten el calentamiento del Chi Kung, lo que es una pena porque es casi tan importante como la misma práctica. Los ejercicios de calentamiento le preparan llevando su mente y su cuerpo a un profundo estado de meditación en el que están listos para la práctica. Entonces, podrá sentir y dirigir el Chi, imprescindible para que resulte bien. En otras palabras, el calentamiento Chi Kung es parte integral del entrenamiento.

3-2. Principios Fundamentales del Entrenamiento

En esta sección, resumiremos los principios y reglas del entrenamiento de las que ya hemos hablado anteriormente. En la práctica deberá tenerlas siempre presentes.

Sobre todo, sepa cuáles son sus pretensiones. Por ejemplo, si no es más que un principiante, primero tendrá que aprender a regular su cuerpo hasta que se sienta cómodo y relajado, y luego empezar a regular la respiración y la mente. Sin embargo, si lleva ya algún tiempo practicando Chi Kung y ha asimilado los puntos claves para regular el cuerpo, la respiración y la mente, entonces debe practicar el empleo de su mente para dirigir el Chi. Como es natural, si ya ha alcanzado ese nivel, su meta consistirá en aprender a regular el espíritu. El proceso de regulación es crucial en Chi Kung, por tanto, examinemos los procedimientos antes de empezar a hablar del verdadero entrenamiento.

1. Regular el Cuerpo (Tyau Shenn) 調身

Regular el cuerpo consiste en ajustarlo hasta que se haya relajado, centrado, equilibrado y enraizado. Por ejemplo, cuando practica un movimiento de empuje, los músculos deben estar de tal manera relajados que usted ha de sentir la relajación de los brazos hasta la médula. Sólo entonces puede transportarse el Chi hasta la médula y, también, a la superficie de la piel. Además, los movimientos deben coordinarse con el movimiento del torso, lo que le permitirá mover todo su cuerpo de manera constante y continua, como una unidad. La coordinación del cuerpo le hará encontrar el equilibrio. En cada movimiento, el cuerpo debe mantenerse erecto (es decir, la cabeza suspendida), y enraizado, al igual que el brazo que empuja. Por ejemplo, en un movimiento de empuje el codo estará hundido y el hombro caído. Esto le ayudará a encontrar la raíz del empuje y hará posible que su Yi dirija el Chi con fuerza. Como verá, la regulación del cuerpo es el proceso básico más importante en cualquier práctica Chi Kung.

2. Regular la Respiración (Tyau Shyi) 調息

Cuando haya alcanzado un nivel en el que se sienta cómodo y natural y su cuerpo esté relajado, centrado, enraizado y equilibrado, la circulación Chi de su organismo no quedará retenida. A fin de utilizar la mente para dirigir Chi con eficacia, debe aprender a regular la respiración –que es la estrategia de la práctica Chi Kung. Si respira correctamente, su mente podrá dirigir el Chi sin esfuerzo.

En Chi Kung existen dos formas comunes de respiración: la «Respiración Abdominal Normal» y la «Respiración Abdominal Inversa». La respiración abdominal normal suele emplearse para hacer que Chi circule por los canales primarios, lo que ayuda a relajarse tanto física como mentalmente. No obstante, si desea dirigir el Chi a la superficie de la piel y a la médula ósea, debería usar la respiración abdominal inversa. Es más agresiva y, por tanto, los practicantes de Chi Kung marcial suelen darle más importancia.

Al margen del método respiratorio que practique, lo importante es coordinar la respiración con los movimientos del ano y de la cavidad Huiyin. Más adelante, dentro de este capítulo, hablaremos sobre estos dos métodos respiratorios con más detalle.

3. Regular la Mente (Tyau Hsin) 調心

En la regulación de la mente, lo primero que se aprende es a llevar la mente y la atención al interior del cuerpo. Es preciso hacerlo para sentir la circulación Chi. El primer paso consiste en aprender a controlar la mente emocional para que esté tranquila y sosegada, y usted logre concentrarse. Luego, podrá usar su Yi para dirigir el Chi.

4. Regular el Chi (Tyau Chi) 調氣

Una vez que haya aprendido a usar su Yi para dirigir el Chi eficazmente, puede empezar a trabajar con fines diversos en la regulación del Chi. En primer lugar, necesita conseguir que el Chi circule por su organismo de manera constante y poderosa. En segundo lugar, es preciso que eleve su Chi a un nivel superior para fortalecer el cuerpo. En tercer lugar, necesita llevar el Chi hasta la piel y, también, hasta la médula, lo que mantendrá la piel fresca y joven, y logrará que la fábrica de sangre (la médula) continúe funcionando a pleno rendimiento. Por último, ha de dirigir el Chi hacia la cabeza para nutrir el cerebro. Éste es el centro de todo su ser, y la salud sólo tendrá una fuerte raíz si el cerebro funciona bien. Si su cerebro está sano, podrá elevar su espíritu vital, clave fundamental del secreto de la longevidad.

Para alcanzar estos fines, primero debe aprender a hacer que el Chi circule por todo su cuerpo, sin retenciones de ningún tipo. Ello será posible cuando deposite toda su concentración en la circulación de Chi, y no haya rigidez física que produzca retenciones en la circulación. Con el tiempo, parecerá como si su cuerpo físico desapareciera gradualmente y se hiciera transparente.

5. Regulación del Espíritu (Tyau Shen) 調神

Cuando haya alcanzado esa etapa de «transparencia», podrá experimentar con claridad el estado del Yin y Yang de su cuerpo, y ajustarlos hasta llegar al estado de Wu Chi (sin extremos). Cuando haya llegado a ese centro del Wu Chi, podrá devolver todo su espíritu a su origen (el estado anterior al nacimiento), su Chi se unirá con el Chi de la naturaleza, su espíritu se unirá con el espíritu de la naturaleza, y usted y la naturaleza serán una sola cosa. En esto consiste el propósito definitivo de la iluminación y la budeidad.

Cuando practique, tenga en cuenta lo siguiente:

1. No practique cuando esté demasiado lleno o demasiado hambriento.
2. No practique cuando esté preocupado, pues no será capaz de regular su mente y, tal vez, se haga daño, sobre todo si intenta utilizar su Yi para dirigir el Chi.
3. No beba alcohol antes de la práctica. Puede alterar sus emociones y el Chi y volverlos inestables.
4. No fume, ya que afectará a sus pulmones y la regulación de su respiración.
5. La mejor hora para practicar es justo antes de amanecer. Coma un poco nada más despertarse por la mañana; luego, practique entre 30 minutos y una hora. Si desea volver a practicar, el mejor momento es dos horas después de la cena. La segunda práctica por la noche le ayudará a relajarse antes de acostarse.

Para concluir este apartado, recuerde siempre que el objetivo final del Tai Chi Chi Kung es ser natural. Cuando usted regule su cuerpo, su respiración, su mente, su Chi y su espíritu, debe practicar hasta que la regulación tenga lugar de forma natural y automática. Esta es la etapa de «regular sin regulación». Sólo entonces estará relajado y cómodo, y su práctica del Chi Kung será eficaz y agradable.

3-3. Calentamiento Chi Kung

Cuando comience su práctica Tai Chi Chuan o Tai Chi Chi Kung, debe siempre relajarse primero para calentar su cuerpo. Así también se preparará mentalmente para obtener los mejores resultados.

En este apartado, presentaremos algunos de los ejercicios de distensión y calentamiento que yo llevo practicando durante los últimos veintiséis años. Como es natural, dichos ejercicios son sólo un ejemplo, y, una vez que usted los haya practicado y comprenda su teoría y finalidad, podrá crear otros movimientos que se adapten mejor a usted.

Distensión de los Músculos del Tronco

En teoría, la primera zona que debe distenderse y relajarse son los músculos del tronco, en vez de los de las extremidades. El tronco se encuentra en el centro de todo el cuerpo y contiene los músculos principales que controlan el tronco y, además, rodean los órganos internos. Cuando los músculos del tronco están en tensión, todo el cuerpo estará en tensión, y los órganos del cuerpo estarán comprimidos. Esto produce estancamiento de la circulación Chi en el cuerpo y, sobre todo, en los órganos. Por esta razón, los músculos del tronco deben estirarse y distenderse antes que las extremidades, y antes de cualquier ejercicio Chi Kung. Recuerde que las personas mueren por fallo de los órganos internos más que por problemas en las extremidades. **EL MEJOR EJERCICIO CHI KUNG CONSISTE EN ELIMINAR EL ESTANCAMIENTO DE CHI Y MANTENER CONSTANTE LA CIRCULACIÓN CHI EN LOS ÓRGANOS INTERNOS.**

Por estas razones, muchos ejercicios Chi Kung se inician con movimientos que estiran los músculos del tronco. Por ejemplo, en las Ocho Piezas del Brocado de Pie, la primera pieza estira el tronco para distender el pecho, el estómago y el abdomen inferior (que son los quemadores triples de la medicina china). En realidad, este ejercicio es una adaptación de los ejercicios de las Ocho Piezas del Brocado en posición de Pie.

En primer lugar, entrelace los dedos de las manos y levántelas por encima de la cabeza, mientras imagina que está empujando hacia arriba con las manos y hacia abajo con los pies (Figura 3-1). No tense los músculos, porque ello haría contraerse su cuerpo, impidiéndole estirarse. Si realiza el estiramiento adecuadamente, sentirá que los músculos de la cintura se tensan ligeramente, ya que está tirando de ellos desde arriba y desde abajo al mismo tiempo. A continuación, utilice su mente para relajarse aún más, y estirarse un poquito más. Tras haberse estirado durante unos diez segundos, gire la parte superior de su cuerpo hacia un lado a fin de torcer los músculos del tronco (Figura 3-2).

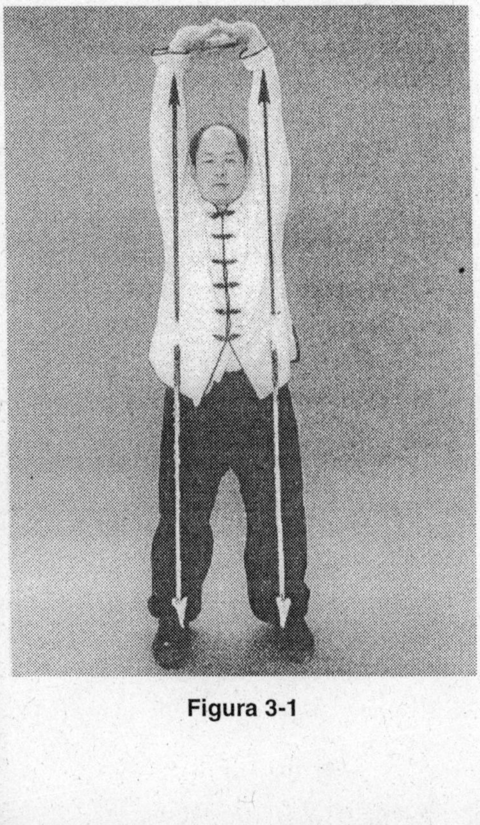

Figura 3-1

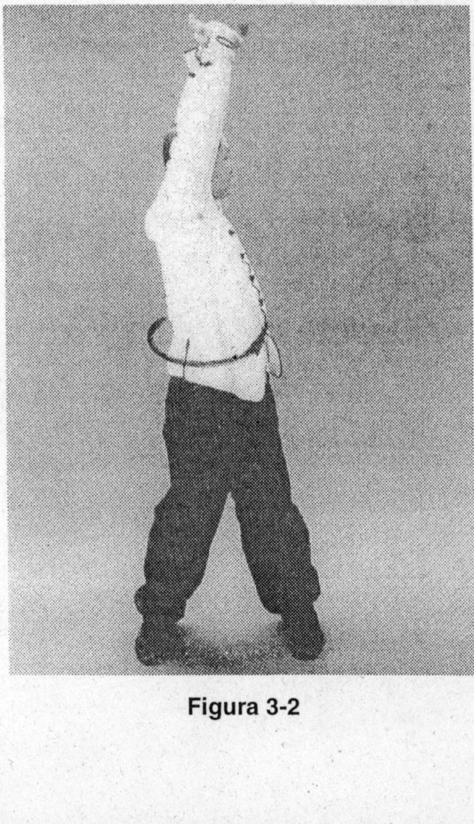

Figura 3-2

Permanezca en ese lado de tres a cinco segundos; gire su cuerpo hacia delante y, luego, gírelo al otro lado. Quédese ahí de tres a cinco segundos. Repita tres veces el giro de la parte superior del cuerpo; luego, incline la parte superior del cuerpo hacia un lado y quédese ahí unos tres segundos (Figura 3-3); después hacia el lado contrario. Seguidamente, dóblese hacia delante hasta tocar el suelo con las manos (Figura 3-4); manténgase en esta postura de tres a cinco segundos. Por último, siéntese en cuclillas, apoyando toda la planta del pie en el suelo para estirar los tobillos (figura 3-5), y, luego, levante los talones para estirar los dedos de los pies (Figura 3-6).

Repita todo el proceso diez veces. Cuando haya terminado, en el interior de su cuerpo debe disfrutar de una sensación cómoda y cálida.

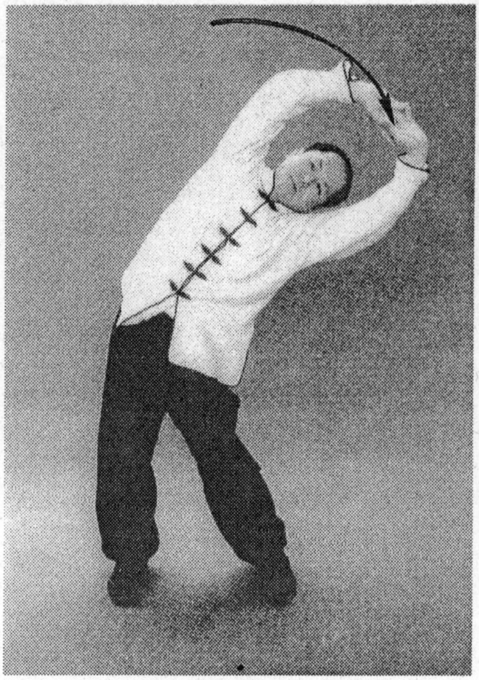

Figura 3-3

Calentamiento

1. Distensión del Torso y de los Órganos Internos

El torso está sostenido por la columna vertebral y los músculos del tronco. Después de haber estirado los músculos del tronco, distienda el torso. Éste también mueve los músculos que rodean su cuerpo, lo que mueve y relaja los órganos internos. A su vez, hace posible que el Chi circule continuamente por el interior del organismo.

a. Abdomen:

Este ejercicio le ayudará a recuperar el control consciente sobre los músculos del abdomen. El Dan Tien inferior es la residencia principal de su Chi Original. El Chi del DanTien sólo puede dirigirse con facilidad cuando el abdomen está distendido y relajado. Los ejercicios abdominales son, probablemente, los más importantes de todas las prácticas del Chi Kung interno.

Para realizar este ejercicio, siéntese en cuclillas, en la posición del Jinete. Sin mover los muslos ni la parte superior del cuerpo, utilice los músculos de la cintura para hacer girar el abdomen formando un círculo horizontal (Figura 3 7). Gire en una dirección alrededor de diez veces, y, luego, en la otra unas diez veces. Si coloca una mano sobre su Dan Tien Inferior, y la otra en su sacro, tal vez sea capaz de concentrar la atención en el área que desea controlar.

Al principio, tal vez le cueste trabajo conseguir que su cuerpo se mueva como usted desea, pero, si continúa practicando, pronto aprenderá a hacerlo. Una vez que consiga realizar el movimiento cómodamente, haga los círculos cada vez

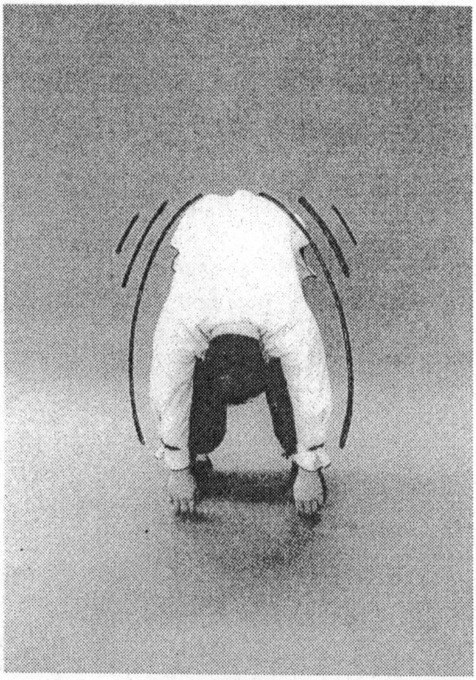

Figura 3-4

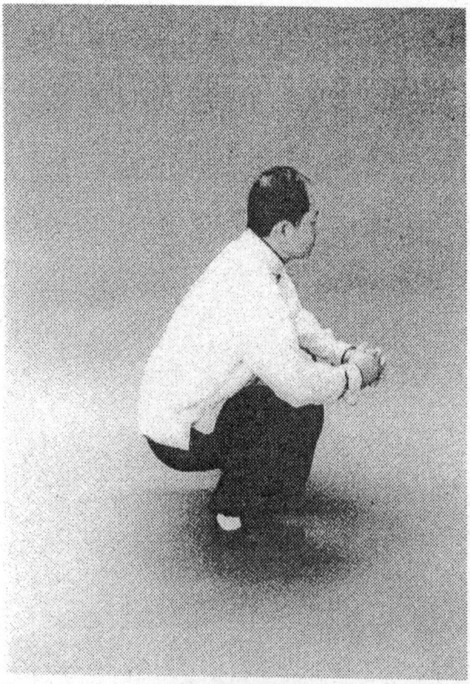

Figura 3-5

Figura 3-6

Figura 3-7

mayores. Naturalmente, esto hará que los músculos se tensen un poco e impedirán que fluya el Chi, pero cuanto más practique antes podrá relajarse de nuevo. Después de haber practicado durante un tiempo, y sepa controlar con facilidad los músculos de la cintura, empiece a hacer los círculos más pequeños, y, también, empiece a usar su Yi para inducir al Chi del Dan Tien a que se mueva en estos círculos. El objetivo final consiste en realizar sólo un leve movimiento físico pero un fuerte movimiento de Chi.

Este ejercicio abdominal tiene cuatro utilidades principales. Primero, cuando la zona de su Dan Tien Inferior está distendida, el Chi fluye hacia dentro y hacia fuera con facilidad. Esto resulta especialmente importante para los practicantes del Tai Chi marcial, quienes usan el Dan Tien como su fuente principal de Chi. Segundo, cuando la zona abdominal está distendida, la circulación Chi en el intestino grueso y delgado será constante, y podrán absorber los nutrientes y eliminar eficazmente la materia de desecho. Si su organismo no elimina correctamente, la absorción de los nutrientes quedará obstruida, y usted podrá enfermar. Tercero, cuando la zona abdominal está distendida, el Chi de los riñones circulará de forma continua y la Esencia Original allí almacenada será convertida, más eficazmente, en Chi. Además, cuando la zona renal está distendida, el Chi renal podrá transportarse hacia arriba o hacia abajo para nutrir todo el cuerpo. Cuarto, estos ejercicios eliminan la retención del Chi en la zona inferior de la espalda, curando y previniendo el dolor.

b. Diafragma:

Bajo el diafragma se encuentra el estómago, al lado derecho el hígado y a la izquierda el bazo. Una vez que sepa realizar cómodamente el movimiento circular en su bajo abdomen, cambie el movimiento del sentido horizontal al vertical, y prolónguelo hasta el diafragma. La mejor manera de distender la zona que rodea el diafragma es emplear un movimiento ondulante entre el perineo y el diafragma (Figura 3-8). Tal vez le resulte útil, cuando practique esto, colocar una mano sobre el Dan Tien Inferior y la otra por encima, con el dedo pulgar en el plexo solar. Emplee un movimiento ondulante hacia delante y hacia atrás, que fluya hacia el diafragma y baje hasta el perineo y la espalda. Mientras lo hace, inspire profundamente cuando el movimiento se inicie en el perineo y espire cuando llegue al diafragma. Hágalo diez veces.

Seguidamente, continúe el movimiento mientras gira el cuerpo, lentamente, primero a un lado y después al otro (Figura 3-9). Esto tensará ligeramente los músculos de un lado y los distenderá en el otro, lo que proporcionará un masaje a los órganos internos. Repítalo diez veces.

Este ejercicio distiende los músculos que rodean el estómago, el hígado, la vesícula biliar, el bazo y, por lo tanto, mejora en ellos la circulación Chi. También le enseña a usar su mente para dirigir el Chi desde el Dan Tien Inferior hacia la zona del plexo solar.

Figura 3-8

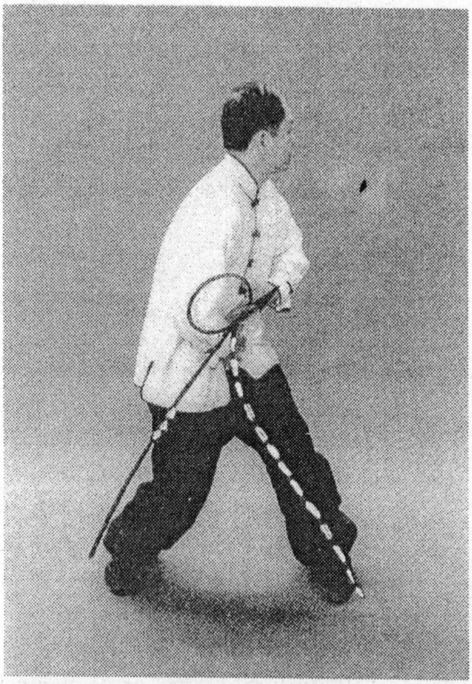

Figura 3-9

c. Pecho:

Después de haber distendido la parte central de su cuerpo, propague el movimiento hasta su pecho. El movimiento ondulante comienza en el abdomen, pasa por el estómago y sube hacia el pecho. Le resultará más fácil sentir el movimiento si mantiene una mano en el abdomen y la otra tocando, ligeramente, el pecho (Figura 3-10). Después de haber realizado el movimiento diez veces, propague el movimiento a los hombros (Figura 3-11). Inspire al mover los hombros hacia atrás y espire cuando los mueva hacia delante. La inspiración y la espiración deben ser tan profundas como cómodas, y todo el pecho debe estar muy distendido. Repita el movimiento diez veces.

Figura 3-10

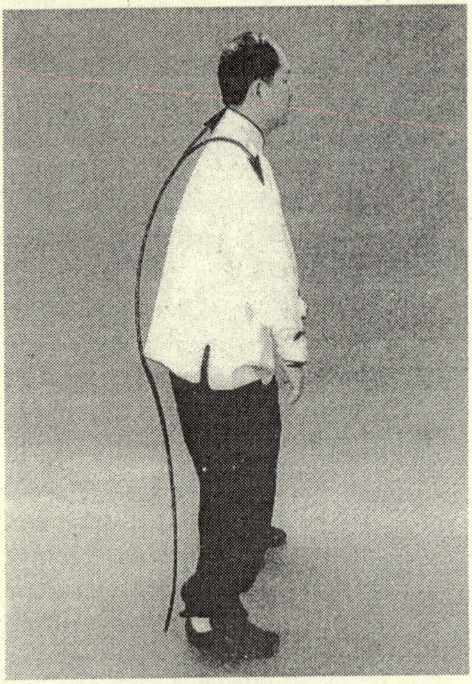

Figura 3-11

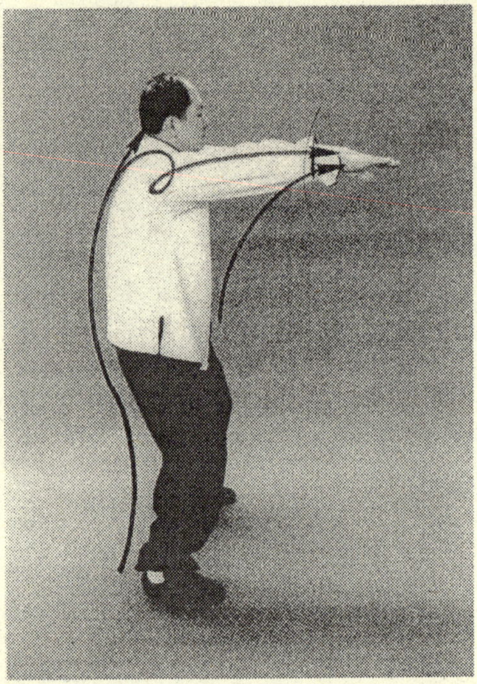

Figura 3-12

Este ejercicio distiende el pecho y ayuda a regular y mejorar la circulación Chi de los pulmones. También enseña a los practicantes del Tai Chi marcial a dirigir el Chi hasta los hombros en coordinación con los movimientos del cuerpo. En las aplicaciones marciales de Tai Chi, el Jing (energía) lo generan las piernas, dirigida por la cintura y manifestada por las manos. Para conseguirlo, su cuerpo, desde la cintura hasta las manos, debe estar blando y unido como un látigo. Sólo entonces no habrá estancamiento que retenga la energía. Si le interesa leer más acerca del Jing Tai Chi, sírvase consultar «Advanced Yang Style Tai Chi Chuan, Vol. 1» (Tai Chi Chuan Estilo Yang Avanzado, Vol. 1), del Dr. Yang.

d. ***Brazos:***

Terminada la distensión de la zona pectoral, prolongue el movimiento hacia sus brazos y dedos. Primero, hágalo diez veces con ambos brazos y, luego, diez veces con cada uno de ellos por separado. Cuando haga extensivo el movimiento a los brazos, genere primero el movimiento desde las piernas o la cintura, y dirija esa energía hacia arriba. Ésta pasa por el pecho y los hombros y llega finalmente a los brazos (Figura 3-12). Al practicar con un brazo, debe también torcer el cuerpo levemente para dirigir el movimiento al brazo (Figura 3-13).

Estos ejercicios relajarán todas las articulaciones de su cuerpo, desde la cintura hasta los dedos de las manos. Dichos ejercicios son, en realidad, la práctica funda-

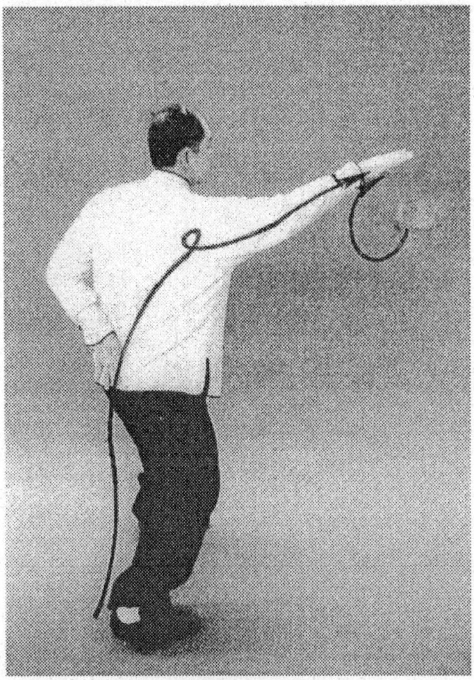

Figura 3-13

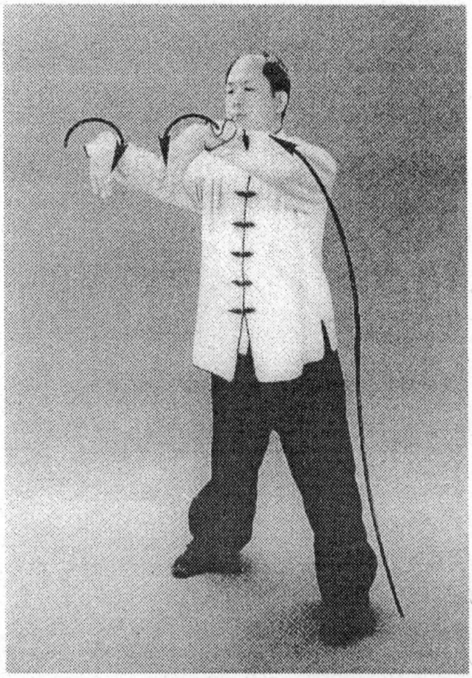

Figura 3-14

mental de la manifestación Jing en el Tai Chi Chuan.

Cuando haya distendido su cuerpo, podrá trabajar sobre zonas específicas con movimientos especiales. Todos los movimientos que ahora siguen forman parte del entrenamiento fundamental para el Tai Chi Chuan. Debe usted practicar cada movimiento hasta que sea uniforme y natural, y pueda sentir que el Chi comienza a fluir siguiendo el modelo de los movimientos.

2. Girar las Muñecas

En primer lugar, haga girar ambas muñecas al mismo tiempo. El movimiento lo generan las piernas y la cintura, asciende a través del pecho y de los brazos y, por último, llega a las muñecas. Levante los brazos frente a usted, y gire ambas manos diez veces, primero hacia dentro (Figura 3-14), y luego otras diez veces hacia fuera (Figura 3-15). A continuación, gire cada muñeca por

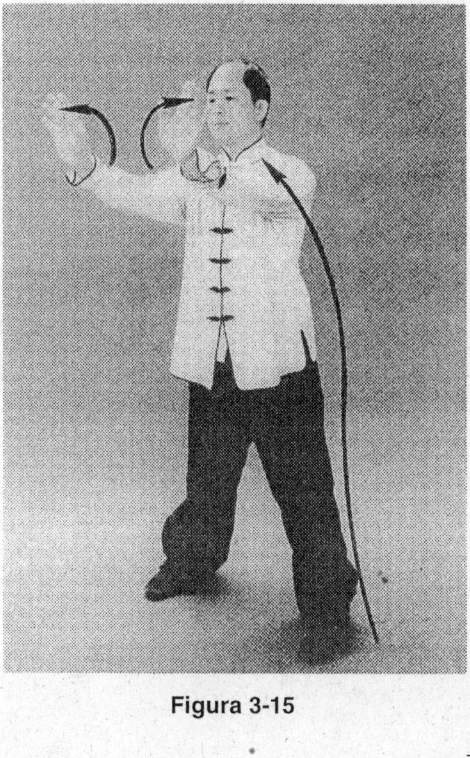

Figura 3-15

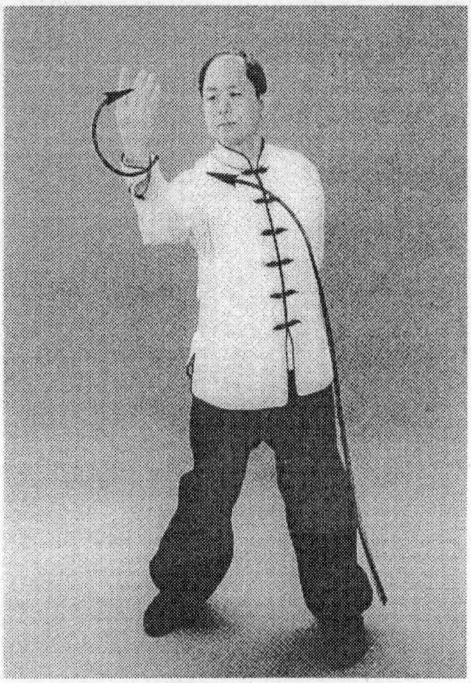

Figura 3-16

Figura 3-17

Figura 3-18

separado, diez veces en una dirección (Figura 3-16) y, después, diez veces en la otra dirección (Figura 3-17). De nuevo, el movimiento se genera desde la cintura o las piernas, para que, mientras gira la muñeca, también se mueva todo el cuerpo y genere energía para la muñeca.

3. Torsión hacia delante y hacia atrás

Ahora, prolongue el movimiento, torciendo los brazos. El movimiento sigue generándose desde las piernas o la cintura, se dirige hacia arriba y pasa por el pecho y el hombro, y, por último, genera el movimiento de torsión de los brazos. Comience colocando las manos delante del pecho, con las palmas mirando hacia abajo (Figura 3-18), luego, tuerza ambos brazos hacia delante (Figura 3-19) y luego hacia atrás (Figura 3-20). Repítalo diez veces. Después, tuerza los brazos individualmente. El brazo derecho se tuerce hacia delante en el sentido de las agujas del reloj (Figuras 3-21 y 3-22), y hacia atrás en el

Figura 3-19

Figura 3-20

Figura 3-21

Figura 3-22

Figura 3-23

Figura 3-24

sentido opuesto (Figuras 3-23 y 3-24). El brazo izquierdo se tuerce en el sentido contrario a las agujas del reloj, hacia delante y al contrario, hacia atrás. Espire al realizar el movimiento hacia delante e inspire cuando tuerza el brazo hacia atrás. Haga diez repeticiones con cada brazo.

4. Asentar las muñecas

Este movimiento se usa con frecuencia en el Tai Chi Chuan. Hágalo primero con ambas manos y, después, con cada una por separado. De nuevo, el movimiento comienza con las piernas o la cintura y se dirige hacia las muñecas. Para practicar empleando ambas manos, mantenga los brazos en alto por delante, con las palmas hacia abajo y los dedos apuntando hacia delante (Figura 3-25). Genere un movimiento de torsión con las piernas o la cintura y, cuando el movimiento llegue a las manos, haga descender las muñecas para que las palmas de las manos miren hacia delante y se convierta en un movimiento de empuje con las palmas (Figura 3-26). Cuando practique con una sola mano, habrá de torcer el cuerpo ligeramente hacia delante y hacia atrás para que la energía de empuje pueda dirigirse más eficazmente a la mano que empuja (Figuras 3-27 y 3-28). Haga la presión con ambas manos diez veces y, luego, otras diez veces con cada mano.

5. Hacer girar la Pelota

Hacer girar la pelota es uno de los ejercicios más básicos para ensamblar la parte superior de su cuerpo y que se mueva como una unidad. Imagine que está sosteniendo

Figura 3-25

Figura 3-26

Figura 3-27

Figura 3-28

una pelota de baloncesto y que la hace girar de todas formas frente a su pecho. Como siempre, el movimiento comienza con las piernas o la cintura (Figura 3-29). Tras girar la pelota unas diez veces delante del pecho, haga descender la pelota imaginaria hasta colocarla frente al abdomen y, en ese punto, hágala girar unas diez veces (Figura 3-30). No existe ningún modelo fijo en el giro de la pelota. En tanto que sus brazos y su cuerpo se muevan como una unidad y conserve usted la sensación de estar sosteniendo la pelota, puede girar la pelota de cualquier manera que desee. Este ejercicio es un modo excelente de encadenar todo el cuerpo. Se dará información más completa y varios ejercicios de pelota para Tai Chi en el libro «The Root of Tai Chi Chuan» (La Raíz del Tai Chi Chuan), que será publicado posteriormente por YMAA.

6. Empujar a los Lados

Levante los brazos extendidos a ambos lados con los dedos estirados (Figura 3-31). Genere la sensación de movimiento desde las piernas o cintura y diríjalo a los brazos. Cuando el movimiento llegue a las manos, asiente (haga descender) las muñecas y haga presión a los lados con las palmas de las manos (Figura 3-32).

Aunque estos ejercicios se empleen como calentamiento, si usted añade su Yi (intención) a cada movimiento, notará un fuerte flujo de Chi. Si utiliza su Yi para dirigir el Chi en un movimiento de relajación, ya está haciendo Tai Chi Chuan. Recuerde que estos ejercicios de calentamiento se exponen únicamente como sugerencias. Pueden iniciarle en el camino correcto hacia el Tai Chi Chuan o Tai Chi Chi Kung, pero cuando se haya familiarizado con ellos, podrá combinarlos con ejercicios de otras fuentes e incluso crear sus propios ejercicios.

3-4. Tai Chi Chi Kung Estático

El Tai Chi Chi Kung puede dividirse en dos partes: la práctica de meditación estática y la práctica de meditación en movimiento. Existen diferentes grupos de ejercicios en movimiento, cada uno de ellos con sus propios propósitos y beneficios. Hablaremos sobre las prácticas de meditación estática en esta sección y, en la siguiente, sobre las prácticas en movimiento.

Antes de empezar, hay varios conceptos importantes que debe usted conocer. Como ya se explicó en el segundo capítulo, comparada con el Tai Chi Chuan en movimiento clasificado como Yang, la meditación estática se clasifica como Yin. Además, en la meditación estática Tai Chi, la meditación sedente se considera Yin, mientras que la meditación estática de pie se considera Yang. En ambos casos el cuerpo físico está lo más inmóvil, tranquilo y relajado posible, y, por tanto, el cuerpo se clasifica Yin, mientras que el Chi que se genera y circula por el cuerpo Yin se clasifica como Yang.

Existen numerosas diferencias entre la meditación estática sedente y de pie. Primero, en la meditación sedente el cuerpo físico está relajado al máximo, mientras que en la meditación de pie el cuerpo físico está relativamente tenso en ciertas zonas. Segundo, la meditación sedente elabora el Chi a través del Nei Dan (Elixir Interno), mientras que la

Figura 3-29

Figura 3-30

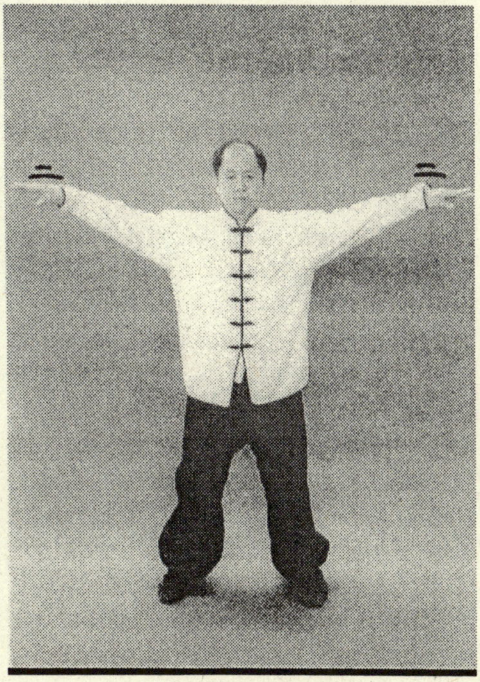
Figura 3-31

Figura 3-32

meditación de pie elabora el Chi en las extremidades a través del Wai Dan (Elixir Externo). En la meditación sedente, el Chi se elabora en el Dan Tien Inferior, que es la residencia del Chi Original; se localiza a unos cinco o siete centímetros por debajo del ombligo. El principal objetivo de la meditación sedente es eliminar todos los bloqueos que produzcan retención del flujo Chi en los Vasos Concepción y Gobernador. Sin embargo, el motivo de la meditación estática de pie es elaborar el Chi utilizando ciertas posturas que producen tensión en determinados músculos, energizándolos y aumentando su nivel de Chi. Por consiguiente, en la meditación sedente Yin, tanto el cuerpo como la mente se encuentran sosegados, mientras que en la meditación de pie Yang, aunque la mente esté tranquila, el cuerpo físico se halla excitado en cierto grado. Si está interesado en aprender más sobre el Nei Dan y Wai Dan Chi Kung, consulte la obra del mismo autor «Chi Kung– health and Martial Arts» (Chi Kung– Salud y Artes Marciales).

En esta sección hablaremos sobre la meditación estática sedente para la Circulación Menor. Sin embargo, **SI ES USTED PRINCIPIANTE EN EL CHI KUNG, LE RECOMENDAMOS QUE COMIENCE EL ENTRENAMIENTO POR SU CUENTA AHORA**. El Nei Dan Chi Kung es difícil de comprender y de practicar, sobre todo para los principiantes. Si no comprende la teoría y práctica del entrenamiento correctamente, puede lesionarse. La meditación de pie Wai Dan es, en general, mucho más segura. Le ofrecemos los siguientes detalles a título informativo, pero debe esperar a comprender el Chi Kung y el entrenamiento muy bien antes de comenzar la práctica por su cuenta.

Meditación Sedente Nei Dan

Aunque la Circulación Menor suele llevarse a cabo a través de la meditación estática Nei Dan, hay varias técnicas Nei Dan que también puede emplearse para alcanzar el mismo objetivo. Estas prácticas de Circulación Menor Wai Dan las efectúan, normalmente, artistas marciales de los estilos Shaolin. Por ejemplo, algunos de los ejercicios del Cambio Músculo/Tendón (Yi Gin Ching) son para la Circulación Menor. Tratamos dicho tema en el libro «Muscle/Tendon Changing and Marrow/ Brain Washing Chi Kung». Existen muchas técnicas Nei Dan para la Circulación Menor desarrolladas por los diferentes estilos Chi Kung. En este libro sólo hablaré de las que yo he practicado.

El entrenamiento de la Circulación Menor tiene dos fines principales: el primero es hacer circular el Chi de manera uniforme en los Vasos Concepción y Gobernador; la segunda es llenar el Chi en estos dos vasos.

Ya hemos explicado antes que hay ocho vasos en el cuerpo humano que funcionan como recipientes que regulan el nivel de Chi en los doce canales primarios. Entre estos ocho vasos, el Vaso Concepción es responsable de los seis canales Yin, mientras que el Vaso Gobernador controla los seis canales Yang. Para regular eficazmente el Chi en los doce canales primarios, el Chi de los vasos debe ser abundante. Además, el Chi de estos dos vasos debe ser capaz de circular de manera uniforme. Si se produce alguna retención en el flujo, los vasos no podrán regular el Chi en los canales adecuadamente y los órganos no funcionarán con normalidad.

Ya ve que la Circulación Menor es el primer paso del Nei Dan Chi Kung. El entrenamiento de la Circulación Menor le ayudará a levantar firmes cimientos para sucesivas prácticas Nei Dan, tales como la Circulación Mayor y el Lavado de Médula/Cerebro (Shii Soei Ching).

A fin de alcanzar un nivel profundo de meditación estática Nei Dan, es crucial seguir los cinco importantes métodos de los que ya hemos hablado: a. regular el cuerpo, b. regular la respiración, c. regular la mente, d. regular el Chi, y e. regular el espíritu. También ha de saber dónde está situado el Dan Tien y los papeles que juegan los Canales Concepción y Gobernador en el Chi Kung. De ellos se trata en detalle en el libro Chi Kung de YMAA: «The Root of Chinese Chi Kung» (La Raíz del Chi Kung Chino). Se recomienda leer dicha obra antes de comenzar a practicar la Circulación menor. Puesto que la Circulación Menor Nei Dan se ha analizado con detalle en la obra: «Chi Kung –Health and Martial Arts» (Chi Kung– Salud y Artes Marciales), aquí sólo repasaremos las técnicas.

A. Ejercicios Abdominales

Comience el entrenamiento de la Circulación Menor elaborando Chi en el Dan Tien Inferior; se realiza por medio de ejercicios abdominales. Primero debe aprender a controlar los músculos abdominales para que puedan expandirse y contraerse. Este ejercicio recibe el nombre de «Faan Torng» (regreso a la niñez). Desde el nacimiento hasta los ocho años de edad, movemos el abdomen hacia dentro y hacia fuera en coordinación con la respiración. Ese movimiento abdominal era necesario para transportar los nutrientes y el oxígeno a través del cordón umbilical cuando estábamos en el útero. Sin embargo, una vez que nacemos, comenzamos a tomar el alimento a través de la boca y el oxígeno a través de la nariz, reduciéndose gradualmente los movimientos abdominales. La mayoría de los adultos no efectúan ese movimiento abdominal cuando respiran. El ejercicio «Regreso a la niñez» le ayudará a recobrar ese tipo de respiración.

Cuando haya recuperado el control del abdomen, si continúa realizando estos ejercicios, sentirá que se va calentando; indicio de que se está acumulando Chi, llamado «Chii Huoo», o «Encender el Fuego». Estos ejercicios dirigen el Chi que ha sido convertido desde la Esencia Original en los riñones hasta el Dan Tien Inferior, donde reside. Cuanto más practique, más fácil le resultará hacerlo, y más podrá relajar su cuerpo y sentir el Chi.

B. Respiración

La respiración se considera la «estrategia» en el Chi Kung. En la Circulación Menor puede utilizar la respiración budista o la taoísta. La respiración budista también se llama «Jeng Hu Shi» (respiración normal), mientras que la respiración taoísta se llama «Faan Hu Shi» (respiración inversa). En la respiración budista, se expande el abdomen al tiempo que se aspira y se contrae al tiempo que es espira. La respiración taoísta es exactamente al revés (Figura 3-33).

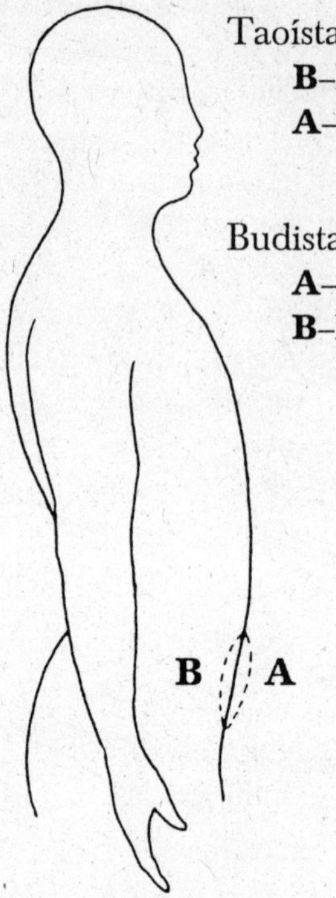

Figura 3-33
Respiración taoísta y budista

Como ya se explicó en el capítulo anterior, la respiración budista suele ser más relajada que la taoísta. A pesar de que la respiración taoísta es más tensa y más difícil su entrenamiento, resulta más eficaz en la expansión del Chi Guardián y en las aplicaciones marciales. Este punto quedará claro si presta atención a los movimientos diarios de su abdomen. Normalmente, si está usted relajado y no realiza trabajos duros, advertirá que está utilizando la respiración budista. Sin embargo, si realiza un trabajo duro y ejerce mucha fuerza, como por ejemplo empujar un coche o levantar una caja pesada, entonces descubrirá que su abdomen se tensa y se expande cuando empuja o cuando levanta el peso (que es la respiración taoísta). Se recomienda a los principiantes que comiencen por la respiración budista. Cuando usted ya la domine, debe practicar la respiración taoísta. No hay contraindicación: después de practicar durante algún tiempo, verá que puede pasar de una o otra con facilidad.

C. Coordinación del Huiyin y el Ano

Cuando lleve practicando los ejercicios abdominales de tres a cinco semanas, tal vez note que su abdomen se calienta cada vez que realiza el ejercicio. Tras una práctica continuada, el abdomen empezará a temblar y a estremecerse cada vez que «encienda el fuego». Esto significa que el Chi se ha acumulado en el Dan Tien y que está a punto de rebosar. En este momento, debe comenzar a coordinar su respiración y el movimiento abdominal con el movimiento de su cavidad Huiyin (literalmente «reunirse con el Yin») y el ano para dirigir el Chi al cóccix (cavidad Weilu).

La técnica es muy sencilla: si está haciendo la respiración budista, cada vez que aspire, expanda suavemente su Huiyin y el ano; cuando espire conténgalos suavemente. Si hace la respiración taoísta, el movimiento del Huiyin y el ano se invierten: cuando aspire conténgalos con suavidad, y cuando espire empújelos suavemente hacia fuera. Esta práctica arriba y abajo con el ano se denomina «Song Gang» y «Bih Gang» (distender el ano y cerrar el ano respectivamente). Cuando mueva el Huiyin y el ano, debe estar relajado y ser delicado, y evitar toda tensión. Si los pone en tensión, el Chi se estancará y no podrá fluir de manera uniforme.

La técnica de contener y distender el Huiyin y el ano es muy importante en el Nei Dan Chi Kung. Es la clave principal para transformar el cuerpo de Yin a Yang y de Yang a Yin. En la parte inferior del cuerpo se encuentran los Vasos Concepción (Yin) y Gobernador (Yang). También es la llave que abre la primera puerta, de la cual hablaremos a continuación.

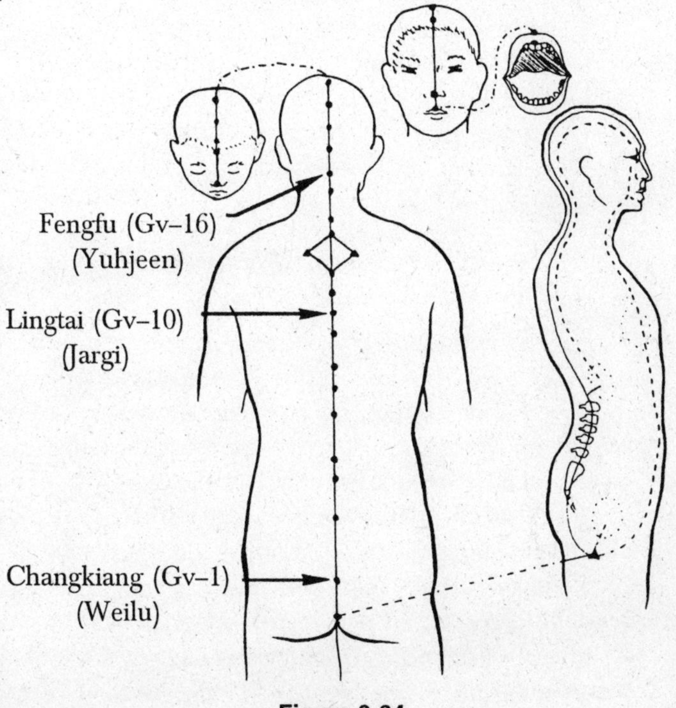

Figura 3-34
Las cavidades Chiangkiang (Weilu), Lingtai (Jargi) y Fengfu (Yuhjeen).

D. Las Tres Puertas

En la Circulación Menor, hay tres lugares donde el Chi se estanca con más frecuencia. Antes de llenar los Vasos Concepción y Gobernador y hacer que el Chi circule con uniformidad, debe abrir las tres puertas, llamadas «San Guan» en chino. Las tres puertas son:

a. ***Cóccix (Weilu en Chi Kung y Changqiang en acupuntura)*** (Figura 3-34):

Como sólo hay una fina capa de músculo en el cóccix, el vaso Chi de esa zona es muy estrecho y se obstruye con facilidad. Una vez que haya elaborado mucha cantidad de Chi en el Dan Tien Inferior y esté listo para comenzar a hacerlo circular, debe abrirse la cavidad del cóccix, pues si no el Chi podría fluir hacia las piernas. Dado que usted es principiante, tal vez no sabría hacer que el Chi retornase al conducto original. Si el Chi se estanca en las piernas, puede causar problemas; tal vez incluso la parálisis de las mismas. Tal peligro puede evitarse si se sienta usted con las piernas cruzadas durante la meditación, lo que estrechará el conducto Chi desde su Dan Tien hasta las piernas y, así, impedirá que el Chi se desborde hacia abajo.

Para prevenir este tipo de problemas, ha de saber una de las importantes técnicas denominadas «Yii Yi Yiin Chi»[1] que significa «use su Yi para dirigir su Chi». Preste atención a la palabra «**DIRIGIR**». El Chi se comporta como el agua – puede dirigirse, pero no empujarse. Cuanto más intente empujar el Chi, más tenso se pondrá usted, y peor circulará el Chi. Por lo tanto, la técnica consiste en **COLOCAR SIEMPRE SU YI POR DELANTE DE SU CHI**. Si consigue asimilar la técnica, descubrirá que el Chi puede pasar por la cavidad del cóccix en sólo unos pocos días.

Como hay dos grandes grupos de músculos en la espalda, al lado del Vaso Gobernador, siempre que haya Chi extra circulado, los músculos quedarán ligeramente energizados. Se sentirá calor en la zona y una leve tensión. A veces la zona quedará levemente insensibilizada. Todo ello verifica que se ha logrado dirigir el Chi a ese punto.

*b. **Presionar la Columna (Jargi en Chi Kung, Mingmen en las artes marciales y Lingtai en acupuntura)** (Figura 3-34):*

La puerta Jargi está situada entre la sexta y séptima vértebra torácica, detrás del corazón. Si la puerta Jargi se bloquea y usted hace que el Chi circule por ella, parte de él fluirá hacia el corazón y lo recargará en exceso. Ello suele provocar que el corazón lata más deprisa. Si usted se asusta y presta atención al corazón, estará empleando su Yi para llevarle más Chi y la situación empeorará.

El secreto para dirigir el Chi a través de esta cavidad consiste en **NO** prestar atención al corazón, aunque sea consciente de ello. En vez de eso, ponga su Yi unos cuantos centímetros por encima del Jargi. Dado que el Chi sigue al Yi, el Chi pasará sin demasiado esfuerzo.

Sabrá cuándo el Chi pasa entre el cóccix y el cuello porque notará que los músculos se vuelven insensibles, tensos o calientes.

*c. **La Almohada de Jade (Yuhjeen en Chi Kung y Fengfu en acupuntura)** (Figura 3-34):*

La cavidad de la Almohada de Jade es la última puerta que debe abrir. La cavidad recibe ese nombre porque se localiza en esa parte de la cabeza que descansa sobre la almohada, y que los chinos han preferido hacer de jade. No es una zona demasiado musculosa, y por eso el conducto del Vaso Gobernador

---

1.- 以意引氣

es estrecho y se constriñe con facilidad. La falta de músculos crea otro problema: como la mayor parte de la columna está rodeada por capas de músculos, resulta sencillo calcular dónde se encuentra el Chi debido a la respuesta de los músculos. No obstante, desde la Almohada de Jade hasta la parte superior de la cabeza hay muy pocos músculos y es más difícil decir qué está ocurriendo con el Chi. Esto es confuso sobre todo para los principiantes, pero si se lo toma con calma y procede con cuidado, pronto aprenderá a reconocer las nuevas pistas. Algunas personas, cuando el Chi atraviesa la cavidad de la Almohada de Jade, tienen la sensación de que por su cabeza anduvieran insectos. Otros notan picor o insensibilidad.

Tenga mucho cuidado cuando haga pasar el Chi por esta zona. Si no dirige el Chi por el conducto adecuado, puede extenderse por toda la cabeza. Si no se lleva cerca de la superficie, tal vez penetre en el cerebro y llegue a afectar su pensamiento. Se dice que, a veces, puede incluso causar daños cerebrales.

E. La Respiración y la Circulación Chi

En el Chi Kung, la respiración se considera su estrategia. Aunque sólo haya un objetivo, puede haber muchas estrategias. Es igual que cuando juega al ajedrez con alguien. Aunque ambos tengan el mismo objetivo, y deseen dar jaque mate al rey del adversario, existen muchos modos diferentes de hacerlo. El Chi Kung chino ha desarrollado al menos trece estrategias o métodos diferentes de entrenamiento. Resulta difícil decir cuál es la mejor estrategia respiratoria. Depende del conocimiento de cada individuo, la profundidad de su práctica Chi Kung y de los fines que persiga con el entrenamiento.

Cuando se entrene empleando su respiración para dirigir el Chi, debe siempre prestar atención a varios puntos: el primero es que el ápice de la lengua esté tocando el paladar de la boca (Figura 3-35). Así se conectan los Vasos Yin (Concepción) y Yang (Gobernador). Este proceso se denomina «Da Chyau», que significa «construir un puente», el cual permite que el Chi circule de manera uniforme entre los vasos Yin y Yang. El puente hace también que su boca segregue saliva, lo que mantendrá húmeda la garganta

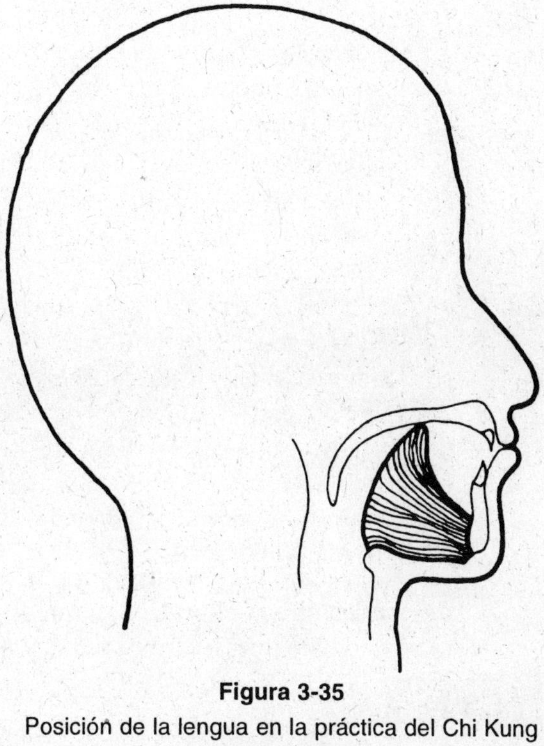

Figura 3-35
Posición de la lengua en la práctica del Chi Kung

durante la meditación. La zona inferior de la lengua, donde se segrega la saliva, se llama Tian Chyr (lago celeste).

El segundo aspecto que atender es la fortaleza de su Yi y con qué eficacia está dirigiendo el Chi. El tercero es hasta cuándo su Shen es capaz de seguir la estrategia respiratoria. Se dice: «Shen Shyi Shiang Yi»,[2] que significa «el espíritu y la respiración confían mutuamente uno en el otro». Mientras se pueda dirigir el Chi con eficacia y fortalecer el Shen con el cuerpo relajado y la mente tranquila, la estrategia respiratoria será eficaz.

Nos gustaría recomendar diversas estrategias respiratorias que se usan normalmente para dirigir el Chi en el entrenamiento de la Circulación Menor.

a. Estrategia Respiratoria Taoísta:

Como dijimos antes, los taoístas emplean la respiración inversa, en la que el abdomen se contrae cuando se inspira y se expande al espirar. Este tipo de respiración refleja y aumenta la expansión y contracción del Chi. Al espirar, el Chi puede expandirse hasta la piel, las extremidades o incluso más allá de la piel, mientras que al inspirar el Chi se transporta muy dentro de la médula. La respiración inversa es la forma natural en que el cuerpo respira cuando deseamos sacar fuera la energía. Los artistas marciales utilizan esta estrategia de espiración mientras el abdomen se expande. La desventaja de la respiración inversa consiste en que resulta más difícil para los principiantes. Si no realiza la respiración correctamente, sentirá tensión en el abdomen y una presión creciente en el plexo solar, lo que afecta de manera significativa a la circulación del Chi. Para evitarlo, se recomienda encarecidamente a los principiantes del Chi Kung que comiencen con la respiración budista. Sólo cuando esta respiración resulte fácil, natural y cómoda, deberá cambiar a la respiración inversa taoísta.

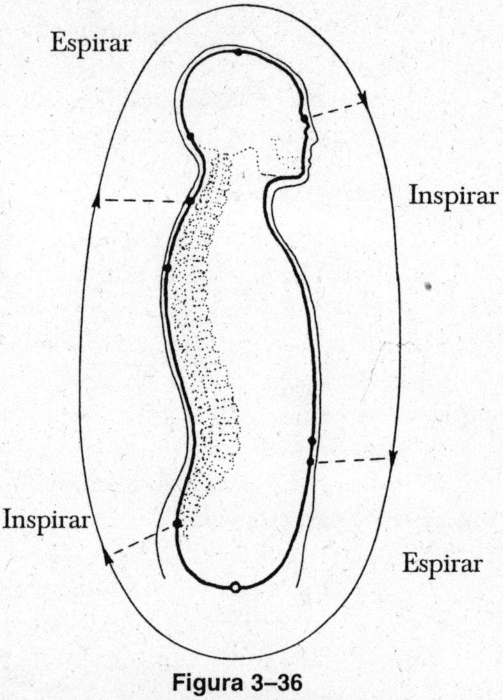

Figura 3–36
Ciclo taoísta de respiración de dos respiraciones

Hay dos maneras corrientes de emplear la respiración taoísta para dirigir el Chi en la Circulación Menor: una con dos inspiraciones y espiraciones por ciclo, y la otra con una inspiración y espiración por ciclo.

1.- 神息相依

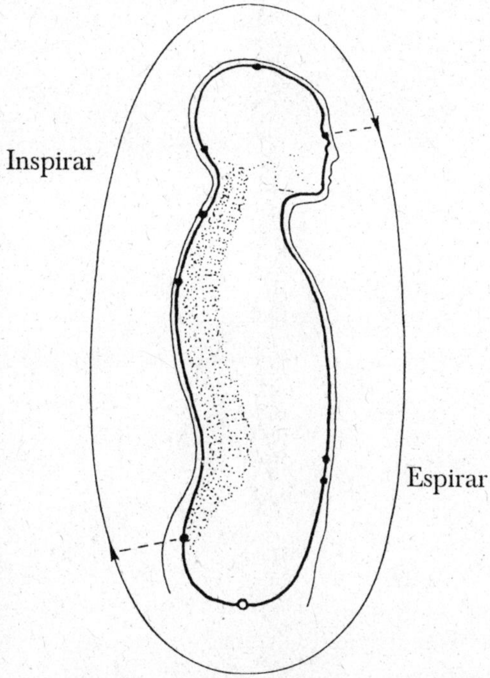

Figura 3-37
Ciclo taoísta de respiración de una respiración

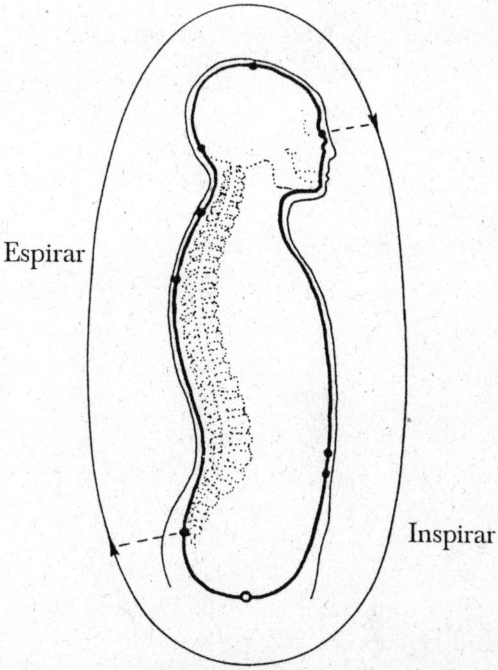

Figura 3-38
Ciclo budista de respiración de una respiración

i. *Dos Ciclos Respiratorios (Figura 3-36):*

En la primera inspiración, dirija el Chi al Dan Tien Inferior; cuando espire, diríjalo desde el Dan Tien Inferior al cóccix. Al inspirar de nuevo, diríjalo desde el Cóccix, por la columna, hasta el nivel de los hombros, y cuando espire, diríjalo por encima de la cabeza hasta la nariz para completar el ciclo.

ii. *Un Ciclo Respiratorio (Figura 3-37):*

En la espiración, lleve el Chi de la nariz hasta el cóccix, y en la inspiración, del cóccix a la nariz para completar el ciclo. En la respiración taoísta, la inspiración se emplea para dirigir el Chi desde el cóccix a la columna vertebral. Si intenta hacerlo con la espiración, estará empujando el Chi, no dirigiéndolo.

b.. Estrategia Respiratoria Budista:

Los budistas suelen emplear el ciclo de una respiración, pero eso no significa que usted no pueda usar un ciclo de dos respiraciones. En tanto respete las reglas, puede experimentar muchas estrategias respiratorias usted solo.

i. *Ciclo de Una Respiración (Figura 3-38):*

Cuando inspira, su mente dirige el Chi desde su nariz al cóccix; y cuando espira, lo dirige desde el cóccix a la nariz para completar el ciclo.

F. Cuándo hay que Practicar

Según los documentos, hay tres horas al día que se consideran las mejores para realizar la práctica: antes de medianoche, antes de amanecer y después de mediodía (entre la una y las dos). Si no puede meditar tres veces diarias, debería hacerlo por la mañana y por la noche, y suprimir la sesión de la tarde.

G. Posturas para Practicar

Si practica por la mañana y por la tarde, es recomendable que se coloque mirando hacia el este para absorber la energía del sol y coordinarla con la rotación de la Tierra. En la sesión nocturna, debería situarse mirando hacia el sur para aprovechar el campo magnético terrestre.

Cuando medite, siéntese con las piernas cruzadas sobre una alfombra o cojín de unos ocho centímetros de espesor. Toque con la lengua el cielo del paladar de su boca para conectar los vasos Yin y Yang.

Una vez que haya abierto las tres puertas y haya hecho circular el Chi de modo uniforme por los Vasos Concepción y Gobernador, debe seguir meditando para reforzar el Chi y aprender a almacenarlo en estos dos depósitos. Abrir las puertas tal vez le lleve sólo unos pocos meses, pero elevar el Chi a un nivel abundante quizás le lleve muchos años de práctica continuada. En esta etapa, cuanto más practique, más Chi acumulará. Recuerde que: **EL ALMACENAMIENTO ABUNDANTE DE CHI ES LA BASE DE SU SALUD**.

Meditación Estática de Pie Wai Dan

A lo largo de los años, diversos maestros de Tai Chi y Chi Kung han creado numerosas posturas para la meditación estática de pie. En términos generales, resultan más seguras de practicar que los ejercicios de la Circulación Menor porque refuerzan el Chi de forma local en partes del cuerpo en vez de hacerlo directamente en los vasos Chi. El objetivo principal del entrenamiento consiste en combinar el Chi elaborado mediante la práctica Wai Dan con el Chi elaborado en el Dan Tien con la práctica Nei Dan. Los artistas marciales de Tai Chi avanzados lo hacen durante la meditación de pie. No obstante, como principiante, usted debería realizar sólo el entrenamiento Wai Dan, mientras mantiene tranquila su mente y deja que el Chi se elabore de forma natural mediante las posturas.

Presentaremos ahora dos de las posturas que los artistas marciales de Tai Chi practican con más frecuencia.

1. Arquear los Brazos (Goong Shoou) 拱手 o Abrazar la Luna contra el Pecho (Hwai Jong Baw Yeuh) 懷中抱月

Sitúese con una pierna apoyada sobre el suelo y la otra delante de ella, tocando el suelo sólo con la punta de los dedos. Ponga ambos brazos frente al pecho, formando un círculo horizontal, con las puntas de los dedos casi tocándose (Figura 3-39). La lengua ha de tocar el cielo del paladar para unir los Vasos Yin y Yang (Concepción y Gobernador respectivamente). La mente estará tranquila y relajada, y concentrada en los hombros; la respiración será profunda y regular.

Cuando lleve en esta posición alrededor de tres minutos, sentirá dolor y calor en los brazos y a un lado de la espalda. Debido a que los brazos están extendidos, se fuerzan los músculos y los nervios. El Chi se elaborará en la zona y se generará calor. Además, como una de las piernas soporta todo el peso, los músculos y nervios de dicha pierna y a un lado de la espalda estarán tensos y, por tanto, elaborarán Chi. El Chi elaborado en los hombros y en las piernas, en vez de en el Dan Tien, se considerará «Chi local» o «Chi Wai Dan». A fin de conservar la producción de Chi y el flujo en la espalda equilibrados, cambie de pierna a los tres minutos, sin mover los brazos, y quédese en esa posición durante otros tres minutos. A los seis minutos, mire al frente, apoye ambos pies en el suelo, separados según el ancho de los hombros, y baje los brazos lentamente. Entonces, el Chi acumulado fluirá hacia los brazos de forma natural y con fuerza. Es lo mismo que una compuerta que, después de haber acumulado gran cantidad de agua, se abriera y la dejara salir. En este momento, concentre y tranquilice la mente y busque la sensación del Chi fluyendo a través de los hombros hasta las manos y las puntas de los dedos. Los principiantes pueden, normalmente, experimentar el flujo de Chi, el cual se siente como calor o leve insensibilidad.

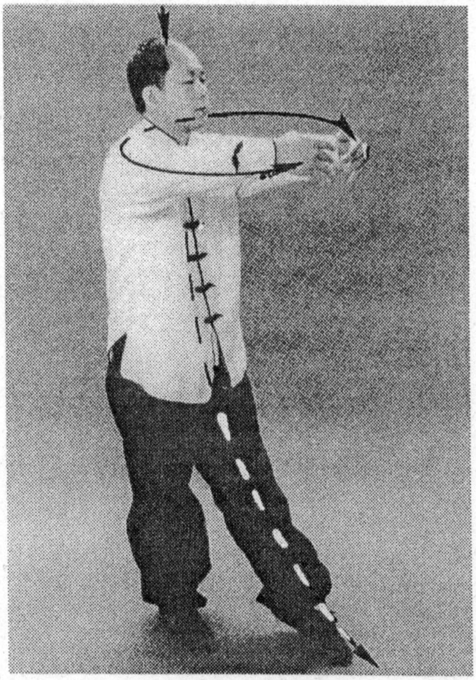

Figura 3-39

Como es natural, al levantar los brazos también se hace más lenta la circulación sanguínea, y al bajar los brazos la sangre corre rápidamente hacia su interior. Puede prestarse a confusión en cuanto a si lo que siente se debe al Chi o la sangre. Es preciso comprender algunas cosas. En primer lugar, toda célula sanguínea viva ha de poseer Chi para mantenerse viva. Por eso, cuando se relaje después de haber realizado el ejercicio de las manos arqueadas, tanto la sangre como el Chi bajarán hasta las manos. En segundo lugar, dado que la sangre es materia y el Chi es energía, Chi podrá fluir más allá del cuerpo pero la sangre no. Por consiguiente, le será posible comprobar si el ejercicio le ha aportado Chi extra a las manos. Coloque las manos justo delante de la cara; debería experimentar una ligera sensación que ha de venir del Chi. También podrá sostener las palmas de las manos una cerca de la otra, o acercar una mano al otro brazo. Además de una ligera sensación de calor, también podrá sentir una especie de carga eléctrica que tal vez le ponga de punta el vello del brazo. La sangre no podrá provocar dichas sensaciones, por lo que han de ser síntomas del Chi.

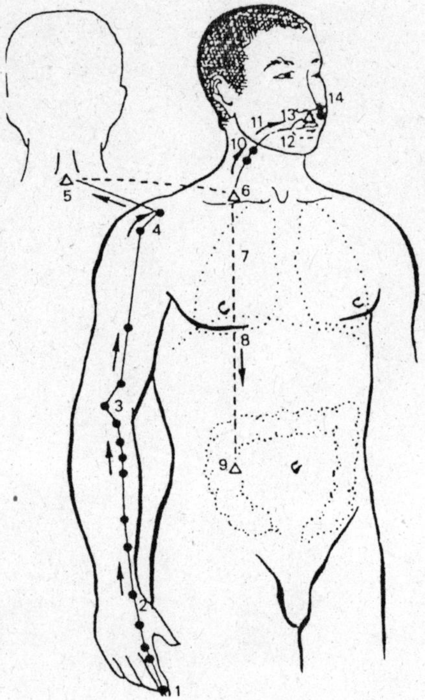

Figura 3-40

El canal del Intestino Grueso de brillo Hand-Yang

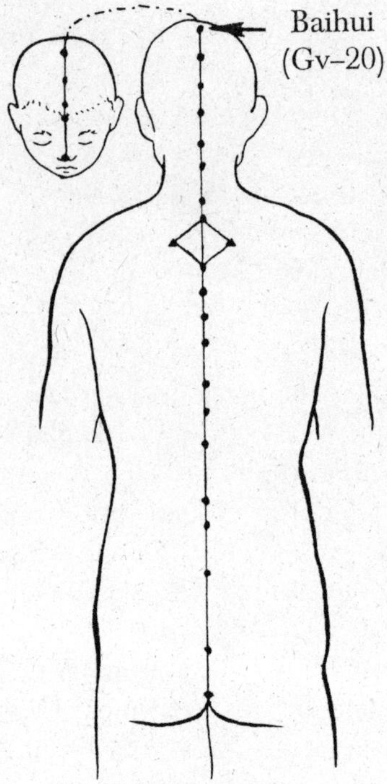

Figura 3-41

La cavidad Baihui

A veces el Chi se siente en el labio superior. Esto se debe a que hay un canal (Hand Yangming Intestino Grueso) que recorre la parte superior del hombro hasta el labio superior (Figura 3-40). Sin embargo, la sensación del Chi suele ser más fuerte en las palmas de las manos y en los dedos que en el labio, porque hay seis canales Chi que pasan por el hombro hasta el fin de la mano, pero hay sólo un canal que une el labio y el hombro. Una vez que haya experimentado que el Chi fluye por sus brazos y hombros durante este ejercicio, tal vez descubra también que puede sentirlo en la espalda.

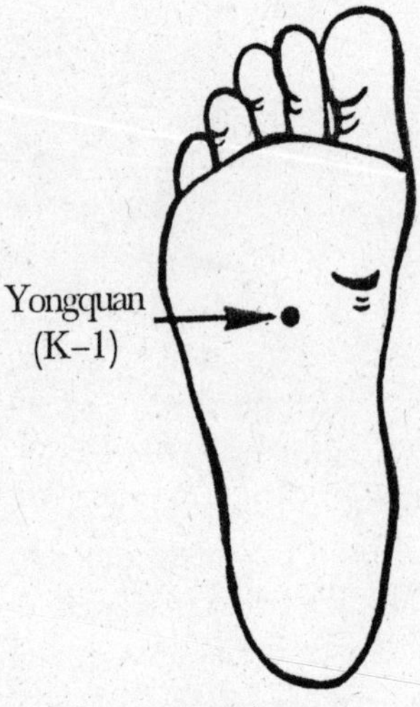

Figura 3–42

La cavidad Yongquan

Muchos practicantes avanzados de Tai Chi continúan practicando la meditación estática de pie. Además de elaborarse el Chi en los hombros, también se entrenan en el uso de la mente para dirigir el Chi en coordinación con la respiración para completar dos circuitos Chi. El primero es un circuito horizontal en los brazos y el pecho. En la espiración se dirige el Chi a las puntas de los dedos de ambas manos y, luego, a través del vacío existente entre una mano y otra. Al inspirar se dirige el Chi desde las puntas de los dedos hasta el

Figura 3-43

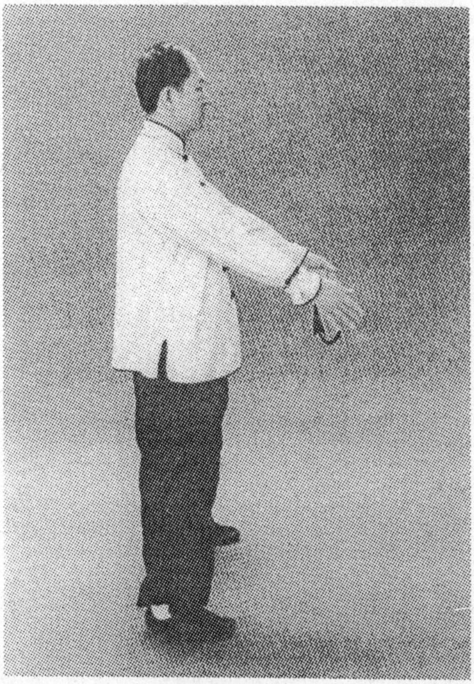

Figura 3-44

centro del pecho. El segundo es un circuito vertical que une el cielo, el hombre y la tierra. Al inspirar se absorbe el Chi de la naturaleza a través del Buihui (Figura 3-41), situado en la parte superior de la cabeza, y se dirige el Chi hacia abajo, hasta el Dan Tien Inferior. En la espiración, se dirige el Chi más abajo y fuera del cuerpo a través de las cavidades del Pozo Burbujeante (Yongquan) (Figura 3-42). Cuando se practica, los dos circuitos deben tener lugar al mismo tiempo. Si se es principiante, no es fácil de hacer. No obstante, si usted persevera, podrá utilizar el ejercicio como parte de su práctica avanzada.

Este ejercicio es uno de los más comunes para llevar al principiante a experimentar el flujo de Chi, y algunos estilos Tai Chi le dan mucha importancia. Otros estilos también practican ejercicios similares, tales como Ermei Dah Perng Kung.

2. Sostener el Cielo (Tuo Tian) 托天

Se trata de un ejercicio agotador; por eso, si se considera mayor o débil, **NO** debe realizarlo. En su lugar, haga ejercicios más fáciles y relajados de Chi Kung en movimiento hasta que llegue a sentirse algún día lo bastante fuerte para practicarlo, sin olvidarse de comenzar despacio y con cuidado.

Para sostener el cielo, sitúese con los pies separados a la distancia de los hombros y los brazos ligeramente doblados con las palmas mirando hacia abajo (Figura 3-43). Permanezca inmóvil, regule la mente hasta que esté tranquila y concentrada y regule la respiración hasta que sea natural y regular. Luego, mientras inspira, vuelva las manos hasta que se miren una a otra (Figura 3-44) y levántelas a la altura de los

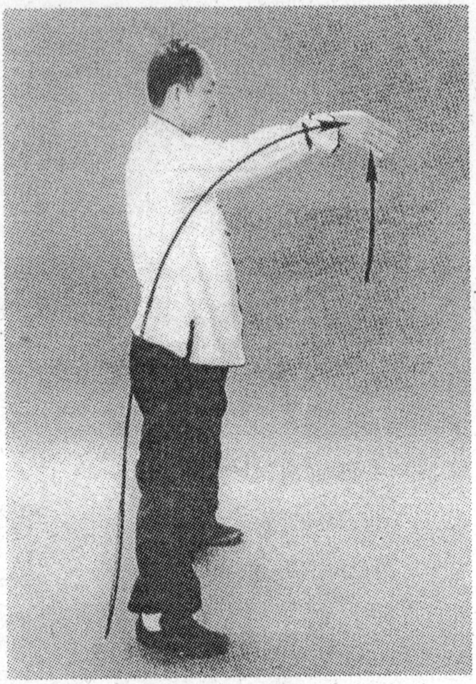

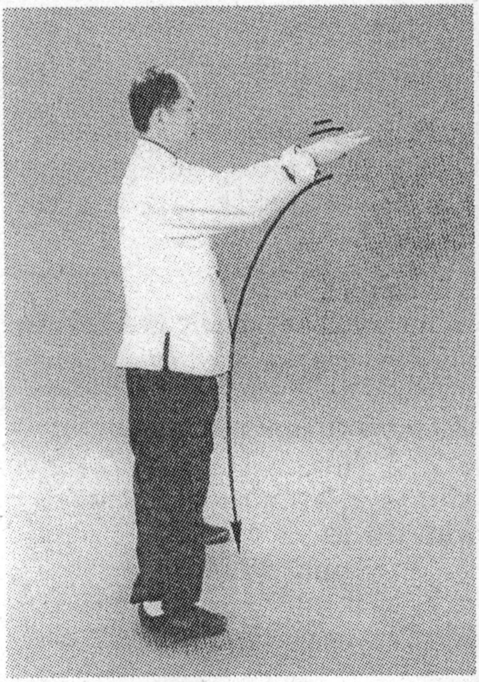

Figura 3-45

Figura 3-46

hombros (Figura 3-45). Después, mientras espira, vuelva las palmas de las manos hacia abajo (Figura 3-46) y baje el cuerpo haciendo presión con las palmas hacia abajo hasta que ambos muslos estén en horizontal (Figura 3-47). A continuación, mientras inspira, eleve los brazos ante usted hasta que las palmas estén mirando al cielo (Figura 3-48). A medida que levanta las manos, sígalas con la vista hasta que usted esté mirando hacia arriba. Por último, al mismo tiempo que espira, levántese ligeramente hasta adoptar la Postura del Caballo (Figura 3-49). En esta posición, respire regularmente y mantenga el cuerpo tan relajado como le sea posible.

Si es usted principiante, permanezca en esta postura sólo un minuto aproximadamente. A medida que se vaya fortaleciendo, aumente el tiempo de tres a cinco minutos; recuerde siempre que: **SU CUERPO NO PODRÁ FORMARSE EN UN DÍA. AVANZAR DESPACIO Y CON SEGURIDAD ES LA CLAVE DEL ÉXITO.**

Mientras eleva las manos hacia la posición final, imagine que está levantando el cielo, y, después, quédese ahí como si estuviera sosteniendo todo el firmamento. El hecho de mantener esa idea en la mente hará ascender el Chi desde el Dan Tien Inferior hasta las manos y, también, descender hasta la planta de los pies. El ejercicio fortalece de forma gradual los tobillos, las rodillas, las caderas, así como los músculos del tronco y del cuello.

Cuando decida parar, no se quede de pie a secas. Mantenga los brazos en la misma posición mientras inspira y descienda lentamente hasta que ambos muslos se hallen en posición horizontal (Figura 3-50). Después, espire mientras baja las manos

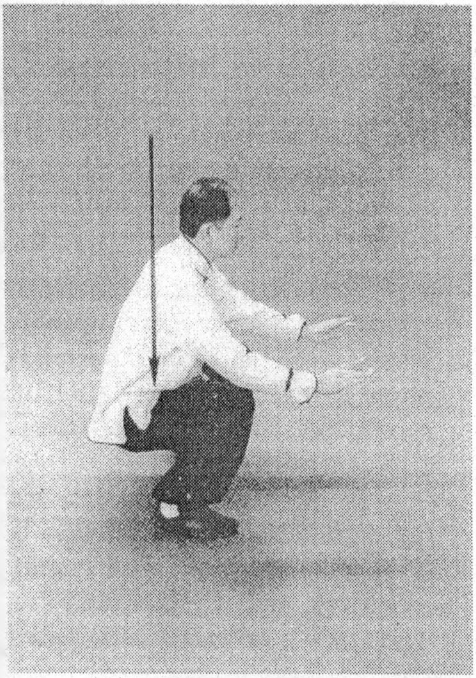

Figura 3-47

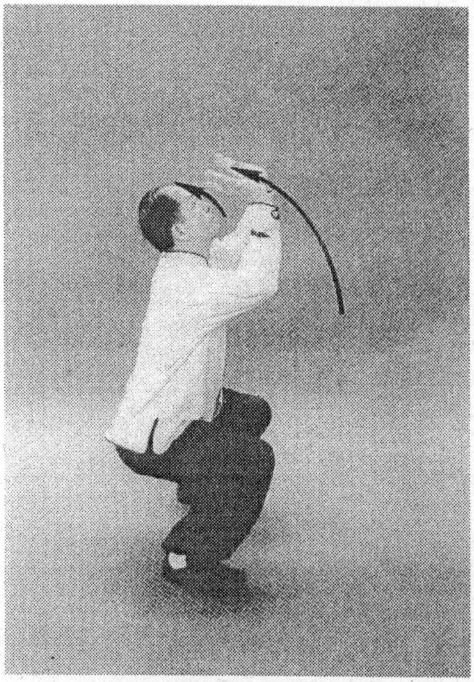

Figura 3-48

Figura 3-49

Figura 3-50

hasta el abdomen (Figura 3-51). A continuación, inspire y yerga el cuerpo hasta estar de pie y erecto, levantando al mismo tiempo los brazos hasta la altura de los hombros con las palmas de las manos mirándose una a la otra (Figura 3-52). Por último, espire y gire las palmas hacia abajo mientras las hace descender a la cintura (Figura 3-53). Permanezca así durante unos minutos y respire hondo y de forma regular antes de moverse.

Para concluir esta sección, me gustaría recordarle que el ejercicio de la Circulación Menor Sedente Nei Dan es peligroso para los principiantes, y no debería iniciarlo hasta haber alcanzado un nivel avanzado. La primera Meditación de Pie Wai Dan que presentamos aquí es normalmente más segura para los principiantes, y Sostener el Cielo suele ser más segura para quienes son lo bastante fuertes y gozan de buena salud. Recuerde siempre: **TENER CUIDADO Y PROCEDER DE FORMA GRADUAL.**

3-5. Tai Chi Chi Kung en Movimiento

El Tai Chi Chi Kung en movimiento se compone tanto de ejercicios estacionarios como caminando. En esta sección voy a presentar tres grupos de ejercicios estacionarios. El primero, al que yo llamo «grupo primario», se emplea normalmente con principiantes en Tai Chi. Al segundo le llamo «grupo de torsión», puesto que hace hincapié en ese tipo de movimientos. El tercer grupo es el «grupo de balanceo». Este grupo entrena la coordinación de las manos, de los pies y el movimiento del cuerpo. Estos tres grupos combinan realmente el Tai Chi Chi Kung y el Chi Kung de la Grulla Blanca que a mí me enseñaron, y que no sólo me ha beneficiado a mí sino también a muchos de mis alumnos.

El grupo de caminar utiliza movimientos individuales de la secuencia Tai Chi que se ejecutan repetidamente. Los criterios que han de seguirse para la realización de estos ejercicios son los mismos que para realizar la secuencia del Tai Chi. Dado que usted realiza el mismo movimiento una y otra vez, no tiene que prestar tanta atención a la forma, centrándose por completo en la regulación del cuerpo, la respiración, la mente y en emplear el Yi para dirigir el Chi.

Antes de empezar, debe entender que utilizar la forma manual adecuada es otra clave importante para que el entrenamiento tenga éxito. Se cree que las diferentes formas manuales tuvieron su origen en la imitación de los animales. Se descubrió que colocar la mano en forma de garra de águila, tigre o grulla dirigía con fuerza el Chi a la mano. Los distintos estilos de Tai Chi Chuan tienen sus diferentes formas manuales. No es extraño que, incluso dentro de un estilo, algunos maestros utilicen formas manuales diferentes, dependiendo de su experiencia personal y conocimiento del Chi. Deseo incluir una forma manual que considero la mejor para dirigir el Chi a la cavidad Laogong, situada en el centro de la palma de la mano.

En esta forma manual, llamada «Woa Shoou» (mano de teja), la mano se curva como una teja china. El pulgar y el dedo medio se extienden y el anular y meñique se retraen ligeramente (Figura 3-54). Después de haber adoptado esta forma manual durante unos minutos, notará que el centro de la palma se calienta cada vez más. Utilice esta forma manual siempre que tenga las palmas abiertas.

Figura 3-51

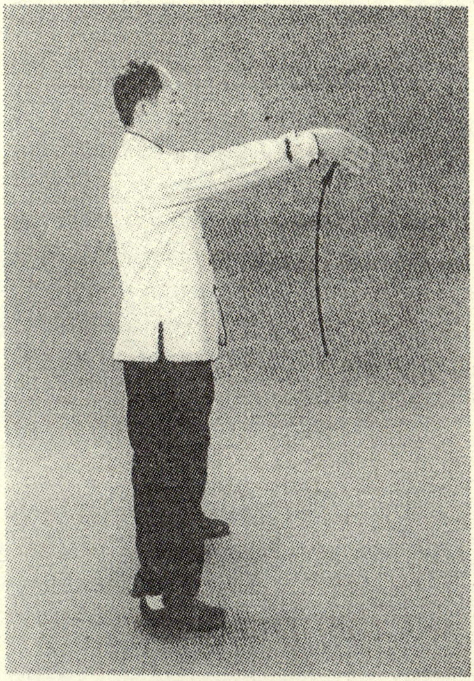

Figura 3-52

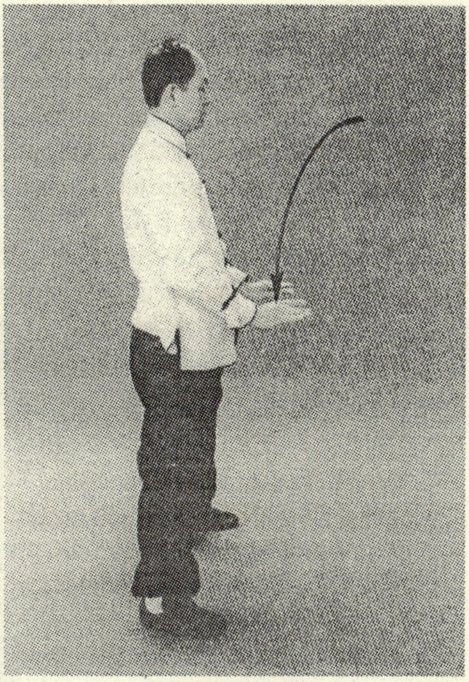

Figura 3-53

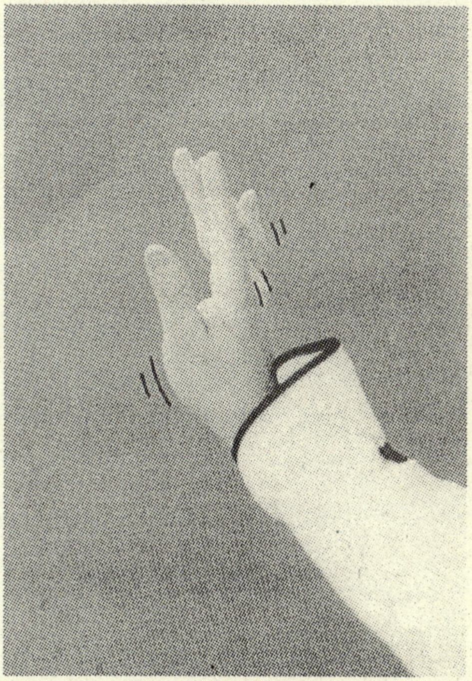

Figura 3-54

Tai Chi Chi Kung Estacionario

I. Grupo Primario

Este grupo de ejercicios Chi Kung tiene varios propósitos:

1. Ayudar al principiante de Tai Chi a conocer y sentir el Chi. Cuanto antes sepa e principiante lo que es Chi y lo sienta, antes y más fácilmente comprenderá la energía interna del cuerpo. Este grupo es sencillo y muy fácil de recordar, por esc después de un breve espacio de tiempo será capaz de hacerlo cómoda y automáticamente, y dedicar su concentración a la respiración y al Chi.
2. Aprender a dirigir el Chi a las extremidades. Cuando haya regulado el cuerpo, la respiración y la mente, aprenda a dirigir el Chi desde las extremidades al Dan Tien Inferior cuando inspire, y del Dan Tien Inferior a las extremidades cuandc espire. Esto le adiestra en el uso del Yi para dirigir el Chi (Yii Yi Yiin Chi), parte fundamental en el entrenamiento Tai Chi.
3. Abrir de forma gradual los doce canales primarios Chi. Cuando lleve muchc tiempo practicando este grupo, descubrirá que el Chi fluye cada vez con más fuerza. Esta circulación Chi más fuerte abrirá gradualmente los doce canales Chi y permitirá que la circulación Chi sea más regular en sus doce órganos internos. Esta es la clave para conservar la buena salud.
4. Distender los músculos internos, sobre todo aquellos que rodean los órganos internos. La distensión elimina cualquier retención de Chi cerca de los órganos internos, lo que les permite relajarse y recibir la nutrición Chi adecuada.

Formas:

1. Quedarse Inmóvil para Regular la Respiración (Jing Li Tyau Shyi) 靜立調息

Después de realizar el calentamiento Chi Kung, permanezca inmóvil y cierre los ojo (Figura 3-55). En primer lugar, preste atención a su tercer ojo (Dan Tien Superior), y lleve todos sus pensamientos desde el exterior de su cuerpo al interior. Cuando su mente esté tranquila y concentrada, centre su atención en la respiración. Si sólo está realizandc entrenamiento de relajación Chi Kung, utilice la Respiración Abdominal Normal, y s está entrenando para artes marciales, utilice la Respiración Abdominal Inversa. No importa qué técnica respiratoria emplee, cuando contraiga el abdomen, contenga su cavidad Huiyin y el ano, y cuando expanda el abdomen, relájese y expanda suavemente la cavidad Huiyin y el ano. Recuerde que: **NO DEBE PONERSE TENSO NI LE-VANTAR CON FUERZA LA CAVIDAD HUIYIN Y EL ANO**. Tensaría as la parte inferior del cuerpo y la circulación Chi se estancaría. Después de haber practicado la respiración abdominal del ano durante algún tiempo, notará que cuando respira, la parte inferior del cuerpo también respira con usted.

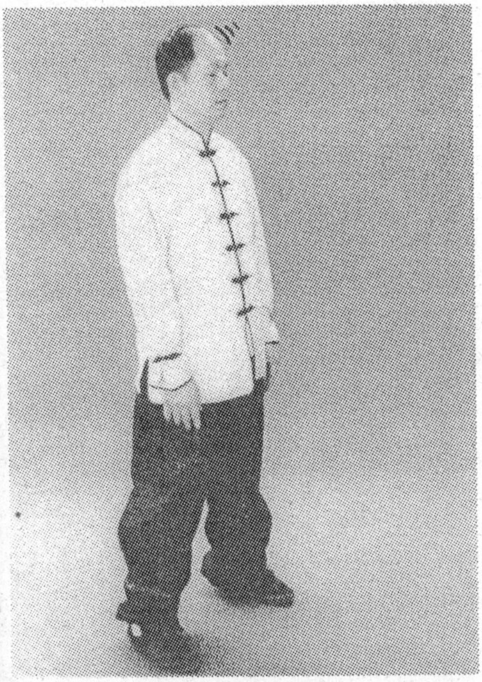
Figura 3-55

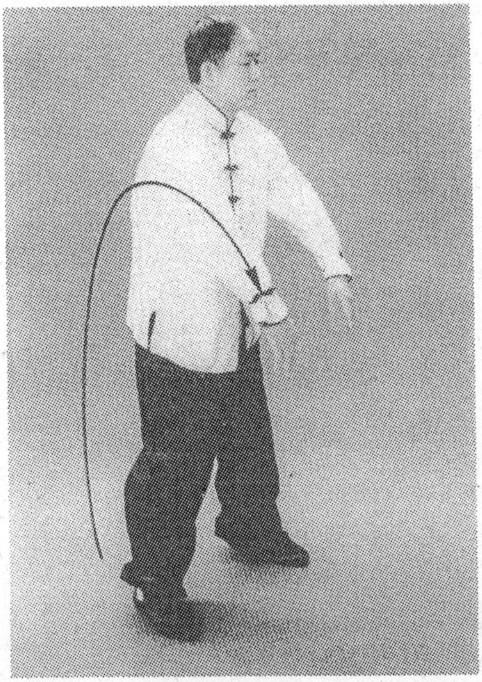
Figura 3-56

2. La Gran Pitón Suaviza Su Cuerpo (Dah Maang Roan Shenn) 大蟒軟身

Cuando haya regulado la respiración y la mente, empiece despacio a mover su cuerpo en círculos, empezando por los pies y subiendo en forma de onda por las piernas, el cuerpo, el pecho, los hombros, los brazos y, por último, alcanza las puntas de los dedos (Figura 3-56). El movimiento es semejante al de una gran serpiente que describe movimientos circulares por el interior de su cuerpo (practicante). El movimiento es cómodo y natural, no produciéndose retenciones ni contenciones. Ejecute el movimiento durante uno o dos minutos, hasta que sienta el cuerpo flexible y se encuentre cómodo desde lo más hondo de los órganos internos hasta las extremidades. Cuando haya finalizado, ponga las manos delante de la cintura, con las palmas hacia abajo (Figura 3-57). Continúe manteniendo la tranquilidad mental y respire de forma regular.

Figura 3-57

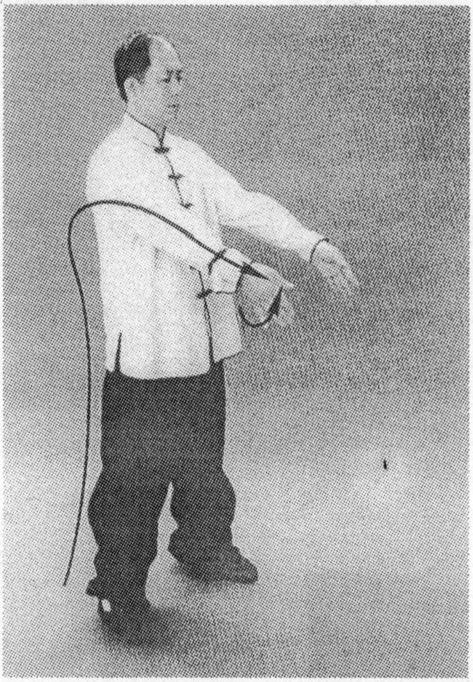

Figura 3-58

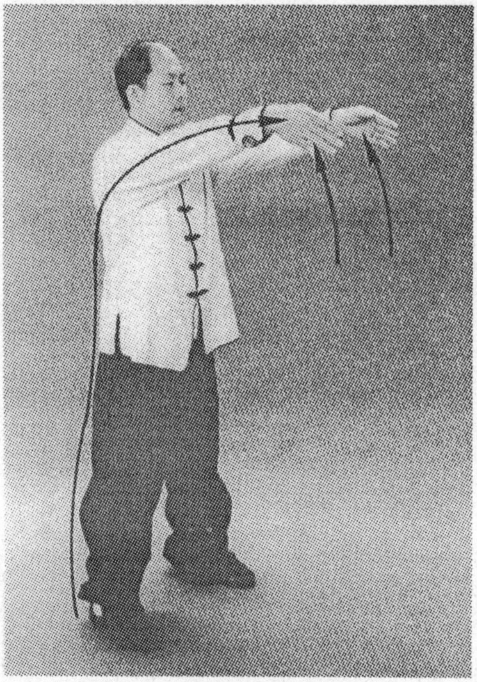

Figura 3-59

3. El Chi se Hunde en el Dan Tien (Shi Chern Dan Tien) 氣沉丹田

En este tercer ejercicio, usted emplea la mente para dirigir el Chi y hundirlo en el Dan Tien Inferior, en coordinación con los movimientos. En primer lugar, inspire y vuelva las palmas una hacia la otra (Figura 3-58) y levántelas a la altura de los hombros (Figura 3-59). Luego, gire ambas palmas hacia abajo (Figura 3-60) y bájelas al nivel de la cintura mientras expulsa el aire (Figura 3-61). Efectúe diez repeticiones, y cada vez que baje las manos imagine que está apretando algo hacia abajo; use la mente para dirigir el Chi al Dan Tien Inferior. Recuerde que, aunque parezca que sólo está moviendo las manos, con práctica será capaz de generar el movimiento desde las piernas o la cintura.

4. Expanda el Pecho para Limpiar el Cuerpo (Jaan Shiong Jing Shenn) 展胸淨身

Terminado el último ejercicio, comience a elevar los brazos en círculo por delante y a los lados. Mientras los alza ante el pecho, se cruzan (Figura 3-62), luego se separan arriba y a los lados (Figura 3-63). Inspire hondo al levantarlos y espire cuando bajen hacia los lados. El Yi y el movimiento comienzan en la cintura y pasan a las extremidades. La zona del pecho cobra especial importancia en este ejercicio. Respirar hondo y el movimiento de los brazos distiende los músculos que rodean los pulmones. Mientras efectúa el ejercicio, debe visualizar también cómo expele el Chi y el aire contaminado del cuerpo y de los pulmones, y lo lanza lejos. Repita los movimientos diez veces.

Figura 3-60

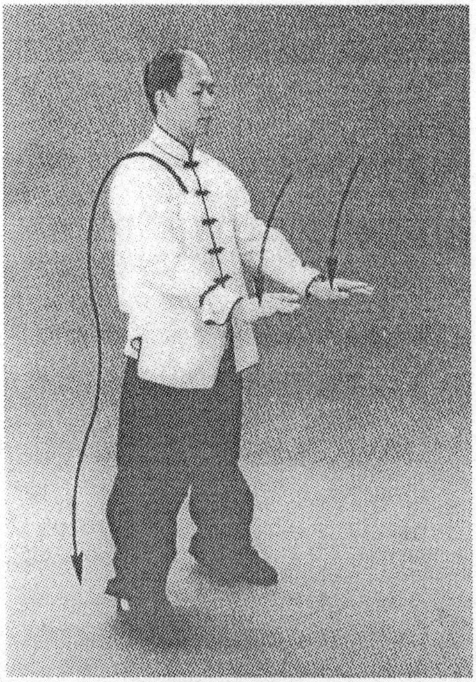

Figura 3-61

Figura 3-62

Figura 3-63

Figura 3-64

Figura 3-65

5. Vierta el Chi dentro del Baihui (Baihui Guann Chi) 百會貫氣

Después de haber limpiado su cuerpo, visualice ahora que está tomando Chi del cielo por su Baihui y que lo empuja hacia abajo, a través del pecho, hasta el Dan Tien Inferior y, finalmente, a través de las plantas de los pies al interior de la tierra. El movimiento de este ejercicio es al revés del anterior. Además, la relajación del pecho es importantísima. Cuando inspire, abra los brazos delante del abdomen (Figura 3-64), y súbalos en círculo hasta que estén por encima de la cabeza (Figura 3-65). Al espirar, baje las palmas de las manos delante del cuerpo mientras visualiza que empuja el Chi hacia abajo, hasta que se encuentre bajo sus pies (Figura 3-66). Repita el movimiento diez veces.

6. Empujar Montañas a Izquierda y Derecha (Tzuoo Yow Tuei Shan) 左右推山

Tras haber limpiado el cuerpo y absorbido el Chi del cielo, comience a elaborar el Chi interiormente y a utilizarlo para el entrenamiento. Al inspirar, alce las manos a la altura del pecho (Figura 3-67). Baje los codos y gire las manos hasta que los dedos señalen a los lados y las palmas de las manos hacia abajo (Figura 3-68). Mantenga las muñecas distendidas. Al espirar, extienda los brazos a los lados. Cuando los brazos estén medio extendidos, asiente (haga descender) las muñecas y empuje a los lados con las palmas, como si estuviera empujando dos montañas (Figura 3-69). Inspire y recoja las manos con

Figura 3-66

Figura 3-67

Figura 3-68

Figura 3-69

Figura 3-70

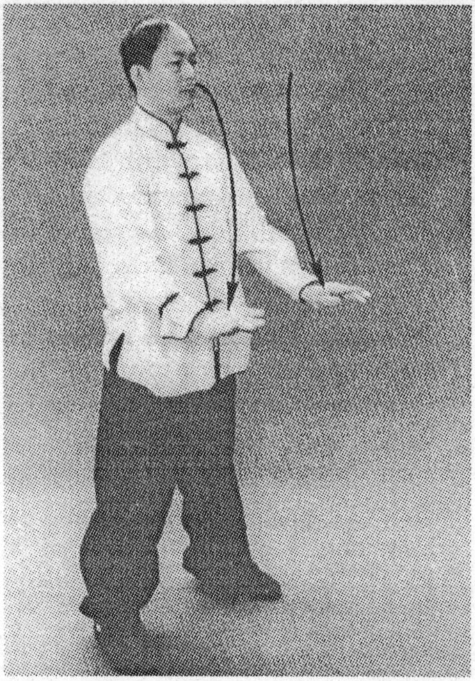

Figura 3-71

las palmas mirando hacia dentro (Figura 3-70), luego, espire y baje las manos delante de usted con las palmas hacia abajo y los dedos señalando hacia delante (Figura 3-71). Los músculos deberán permanecer relajados durante todo el ejercicio. No extienda los brazos a los lados tanto como le sea posible, porque produce tensión muscular y retención del Chi. Repita el movimiento diez veces.

7. Hacer descender las Muñecas y Empujar con las Palmas de las manos (Tzuoh Wann Tuei Jaang) 坐腕推掌

Este ejercicio continúa el entrenamiento de utilización del Yi para dirigir el Chi, sólo que, ahora, empujará hacia delante en vez de a los lados. A fin de llevar el Chi a las palmas de las manos, imagine que está empujando un coche o cualquier otro objeto pesado. Empiece levantando los brazos por delante mientras inspira el aire, tal como hizo en el ejercicio anterior (Figura 3-72). Luego, baje los codos y gire las palmas de las manos hacia delante y abajo (Figura 3-73). Las muñecas estarán relajadas y los dedos señalarán al frente. Espire y extienda los brazos. Cuando los haya extendido más de la mitad, asiente (haga descender) las muñecas y empuje con las palmas de las manos al frente (Figura 3-74). No extienda los brazos del todo, ya que se tensarían los músculos y produciría retención en la circulación Chi. A continuación, inspire y recoja las manos, con las palmas mirando al pecho (Figura 3-75), y, luego, espire y baje las manos hasta el abdomen (Figura 3-76). Repita el movimiento diez veces.

Figura 3-72

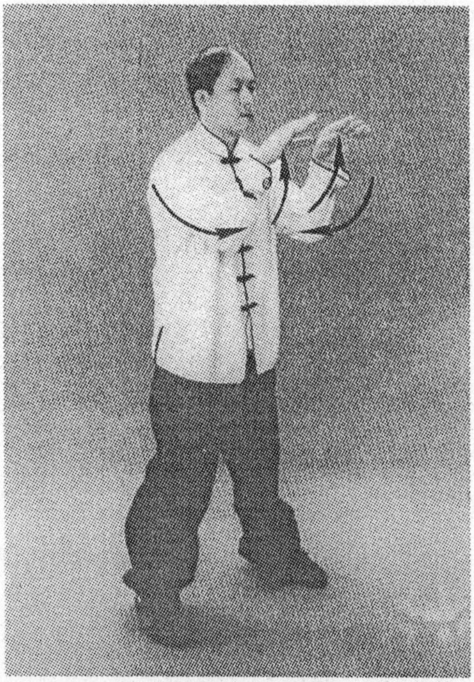

Figura 3-73

Figura 3-74

Figura 3-75

Figura 3-76

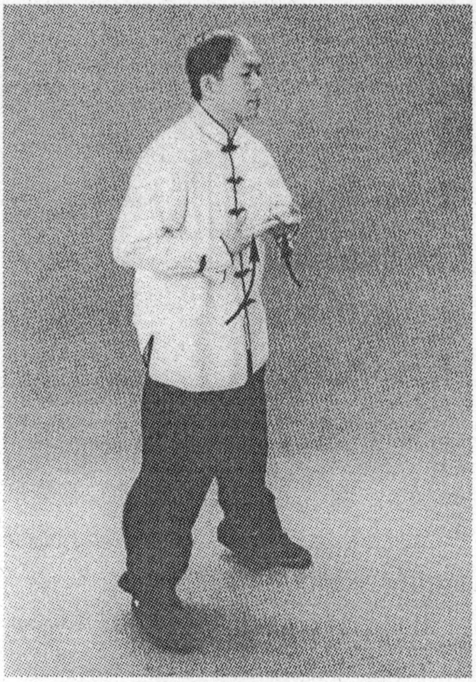

Figura 3-77

8. El Gran Oso que Nada en el Agua (Dah Shyong You Shoei) 大熊游水

Cuando haya finalizado el último ejercicio y tenga las manos delante del abdomen, levántelas de nuevo mientras inspira (Figura 3-77), luego, espire y extienda los brazos al frente, con las palmas hacia arriba (Figura 3-78). Inspire y extienda los brazos a los lados, hacia fuera, girando las palmas hacia abajo; después, baje las manos en círculo hasta la cintura al tiempo que gira las palmas hacia arriba (Figuras 3-79 y 3-80). Continúe espirando y extendiendo los brazos al frente. El movimiento es similar al de los brazos en el estilo braza de natación. Como siempre en Tai Chi, el movimiento se genera en las piernas y se dirige hacia arriba hasta las manos. Repita el movimiento diez veces.

9. Abrir la Montaña a Izquierda y Derecha (Tzuoo Yow Kai Shan) 左右開山

Este ejercicio es semejante al anterior, pero se emplea sólo un brazo cada vez. Extienda el brazo derecho mientras espira (Figura 3-81); luego, inspire y gire la palma de la mano hacia abajo, al tiempo que lo desplaza hacia el lado externo (Figura 3-82) y, después, lo baja en círculo hasta la cintura al tiempo que gira la palma de la mano hacia arriba (Figura 3-83). Cuando la mano derecha llegue a la cintura, efectúe el mismo movimiento con la mano izquierda. Realice diez repeticiones del movimiento completo. Que su pecho se abra y se cierre en coordinación con el movimiento del brazo, torciendo también el cuerpo ligeramente.

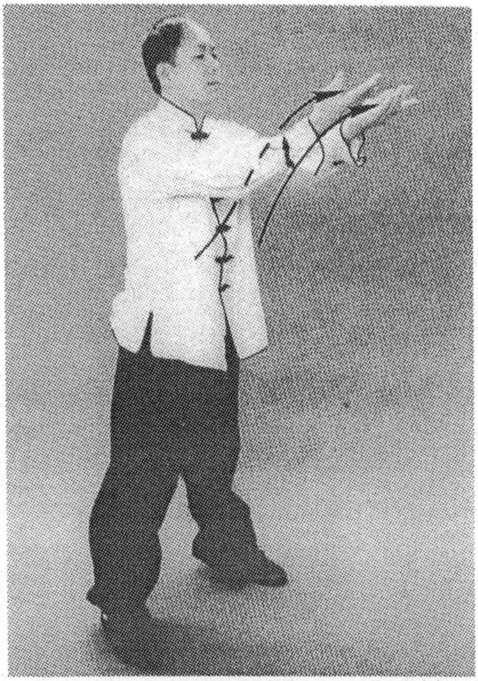

Figura 3-78

Figura 3-79

Figura 3-80

Figura 3-81

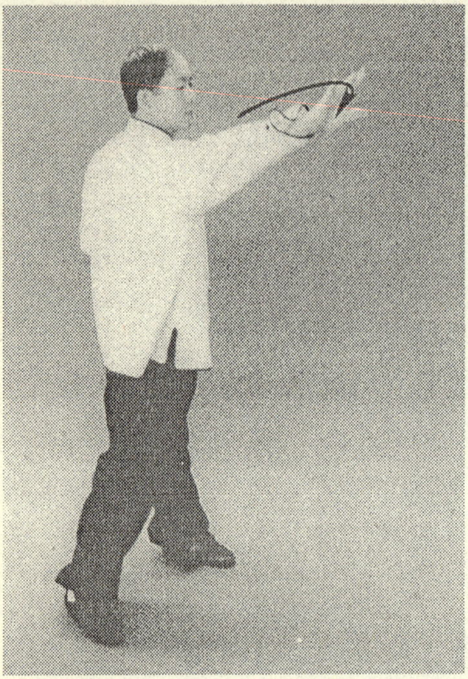

Figura 3-82

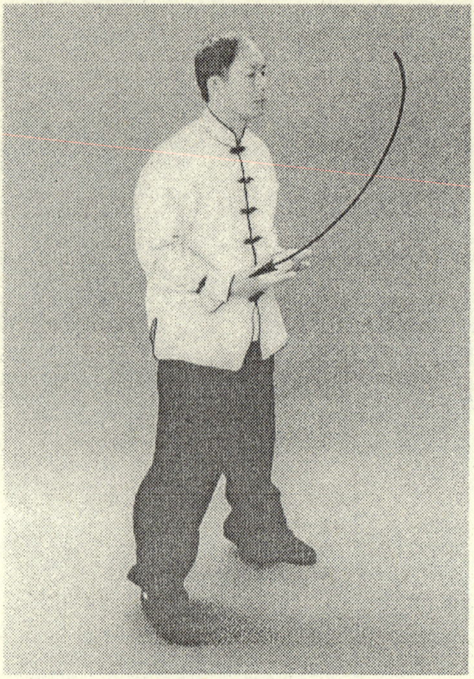

Figura 3-83

Figura 3-84

10. El Aguila Ataca a su Presa (Lao Ing Pu Shyr) 老鷹撲食

Es el movimiento inverso del ejercicio octavo. Con las manos en la cintura, inspire y extienda los brazos a los lados (Figura 3-84); luego, espire mientras los brazos salen, en círculo, hacia delante con las palmas hacia abajo (Figura 3-85). Por último, recoja las manos en la cintura mientras gira las palmas hacia arriba (Figura 3-86). Espire al desplazar las manos al frente e inspire al recogerlas. Además, el movimiento se origina con las piernas. Repítalo diez veces.

11. El León hace girar la Pelota (Shy Tzu Goong Chyou) 老鷹撲食

Semejante al anterior, pero se emplea un solo brazo cada vez. Con las manos en la cintura (Figura 3-87), extienda el brazo derecho a un lado y, después, al frente (Figura 3-88) con un movimiento contrario al de las agujas del reloj,

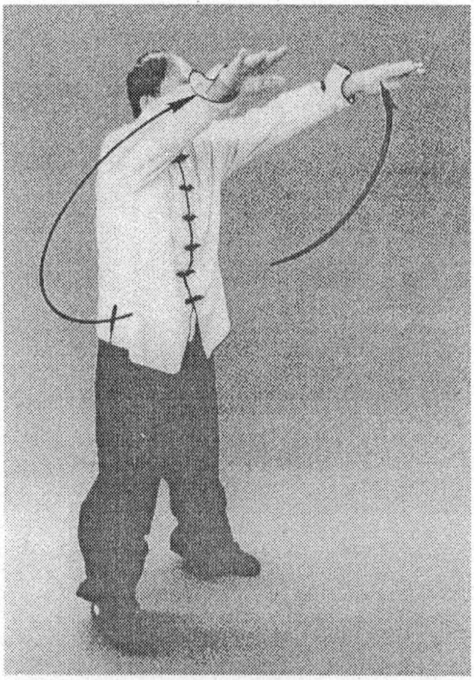

Figura 3-85

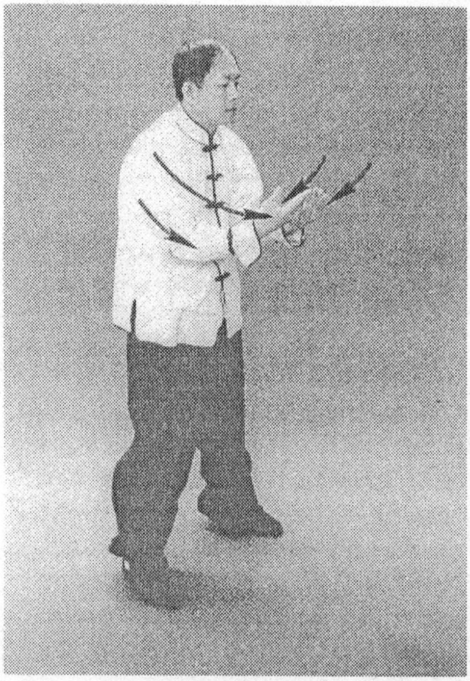

Figura 3-86

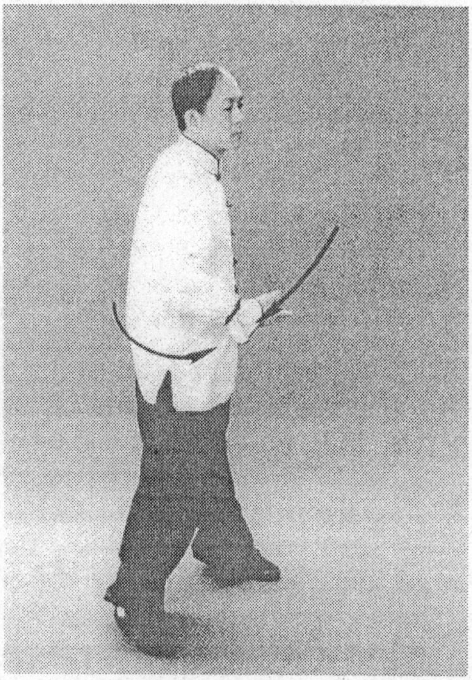

Figura 3-87

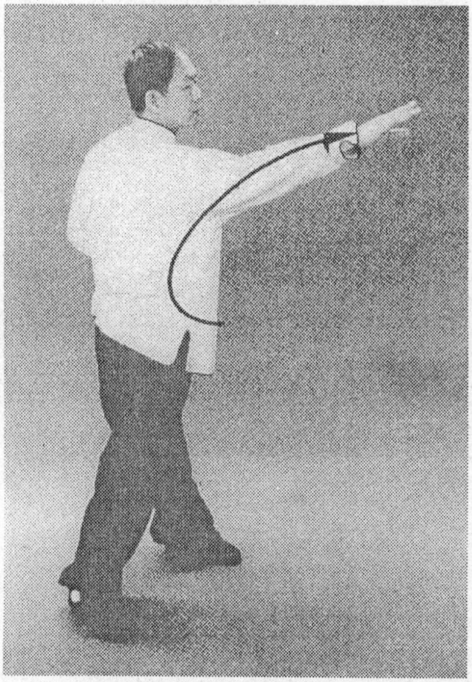

Figura 3-88

Figura 3-89

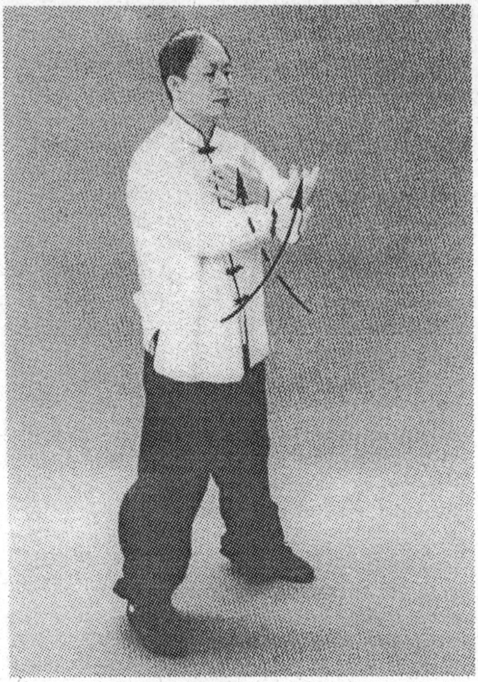

Figura 3-90

girando la palma hacia abajo mientras se desplaza. Luego, inspire y recoja el brazo hasta la cintura, girando la palma de la mano hacia arriba (Figura 3-89). Repita, después, el mismo movimiento con la mano izquierda, moviéndola en el sentido de las agujas del reloj. El movimiento lo generan las piernas, y usted podrá variar la amplitud de los círculos. El punto más importante del entrenamiento es sentir que su cuerpo está conjuntado desde las plantas de los pies hasta la punta de los dedos de las manos. Repita todo el movimiento diez veces.

12. La Grulla Blanca Extiende sus Alas (Bair Heh Liang Chyh) 白鶴亮翅

Este último ejercicio se hace como recuperación. Se extienden los brazos en diagonal. Cuando se ejecuta este movimiento en coordinación con la respiración, los órganos internos se relajan y distienden y el Chi que haya podido quedar estancado internamente pasará a la superficie del cuerpo. Siguiendo el ejercicio anterior, cruce ambos brazos delante del pecho (Figura 3-90), luego, espire y extienda sus brazos en diagonal, con el derecho arriba y el izquierdo abajo (Figura 3-91). Inspire mientras recoge ambos brazos y los cruza delante del pecho; después, espire y vuelva a extenderlos en diagonal; esta vez el brazo izquierdo arriba y el derecho abajo. La mente permanecerá sosegada y todo el cuerpo deberá estar distendido. Repita todos los movimientos diez veces. Cuando haya terminado, inspire y coloque ambas manos delante del pecho (Figura 3-92), luego, vuelva ambas palmas hacia abajo (Figura 3-93). Espire y baje las manos imaginándose que empuja algo hacia abajo, y dirija el Chi al Dan Tien Inferior (Figura 3-94). Finalmente, deje

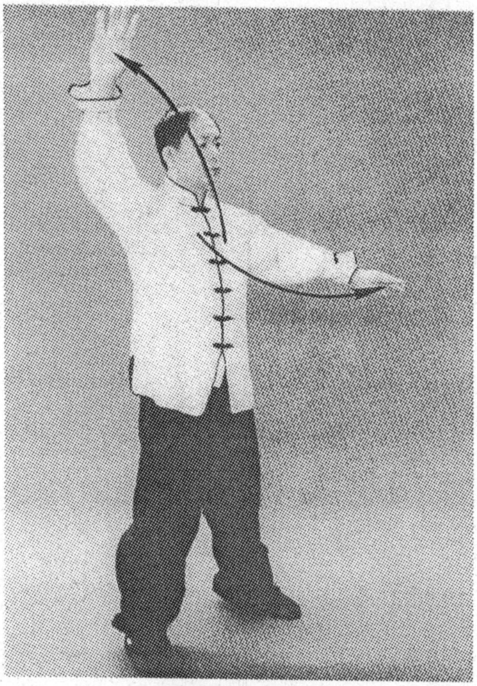

Figura 3-91

Figura 3-92

Figura 3-93

Figura 3-94

caer las manos a los lados con naturalidad (Figura 3-95). Inspire y espire de forma natural diez veces y sienta que el Chi se distribuye por su cuerpo, sobre todo por las manos.

Dado que ha permanecido de pie, inmóvil, durante algún tiempo, es posible que la circulación se haya estancado y que se le hayan acumulado en los pies el Chi y la sangre. Lo notará por una sensación de calor en los pies. Antes de moverse, elimine el estancamiento balanceándose sobre los tobillos y levantando la parte delantera de los pies cuando espire (Figura 3-96), y, después, balanceándose hacia delante sobre los dedos de los pies mientras aspira el aire (Figura 3-97). Repítalo diez veces antes de empezar a moverse.

II. Grupo de Torsión

El objetivo principal de este grupo de ejercicios es llevar Chi a la superficie de la piel y al interior de la médula ósea mediante la respiración y los movimientos de torsión. El principio en que se basa es que, cuando un músculo se tuerce en una dirección y regresa después a la posición inicial, el músculo se tensa y luego se relaja. Este movimiento continuo de torsión dirige el Chi de los canales primarios hacia la superficie de la piel y lo condensa en la médula ósea. Esto fortalece el Chi que protege el cuerpo de las influencias negativas externas y, además, hace que la médula siga funcionando adecuadamente.

El ejercicio de torsión está diseñado para quienes desean fortalecer su Chi Guardián (Wey Chi) y aumentar la sensibilidad de su Jing «Que Escucha la Piel», necesario para el Tai Chi de las Manos que Empujan. Ya ve que la respiración inversa sería más eficaz que la respiración regular en este grupo, porque se puede emplear la espiración para que ayude a llevar el Chi a la piel, y la inspiración para que ayude a llevar el Chi a la médula.

Aunque este grupo de ejercicios fue diseñado originalmente para el entrenamiento Chi de las artes marciales, también resulta muy eficaz como ejercicio de salud. Un abundante suministro de Chi a la médula ósea es la clave de la salud y de la longevidad.

La clave más importante de este entrenamiento es la concentración. La mente es la que dirige el Chi a la piel y a la médula ósea en coordinación con el movimiento de torsión, así que una vez se haya familiarizado con los movimientos debería practicar el llevar su mente a un estado de meditación más profundo que le permita sentir o experimentar el Chi muy dentro de los huesos. Todo movimiento de torsión debe generarse desde las piernas y dirigirse a las extremidades. Todo el cuerpo ha de ser flexible como un látigo. El movimiento es continuo y sin retenciones, como el movimiento de un pulpo. Naturalmente, la respiración (la estrategia del entrenamiento Chi Kung) es otra de las claves del éxito. La respiración será lenta, honda y prolongada, sin contener la respiración. Una clave adicional para el éxito del entrenamiento es la coordinación del ano y la cavidad Huiyin, lo cual le ayudará a que su mente dirija el Chi de manera más eficaz.

1. Colóquese de Pie y en Calma para Regular el Hsin y la Respiración (Jing Tyau Hsin Shyi) 靜調心息

Permanezca inmóvil, con las piernas separadas según el ancho de los hombros y los brazos caídos de forma natural a los lados (Figura 3-98). Tanto su cuerpo físico como el mental se hallan relajados, concentrados y en equilibrio. La mente estará sosegada y en

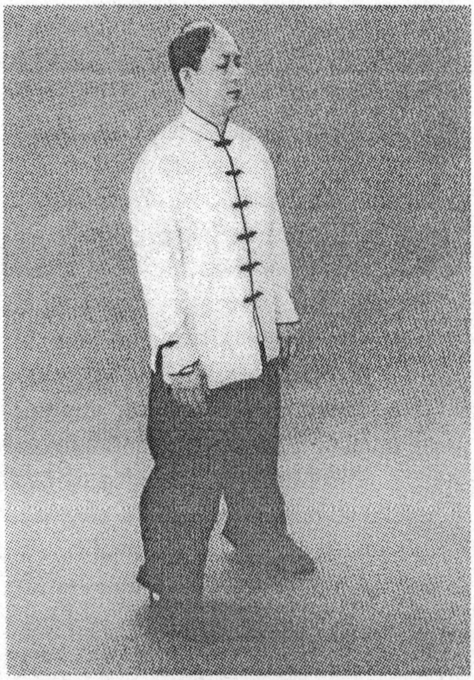

Figura 3-95

Figura 3-96

Figura 3-97

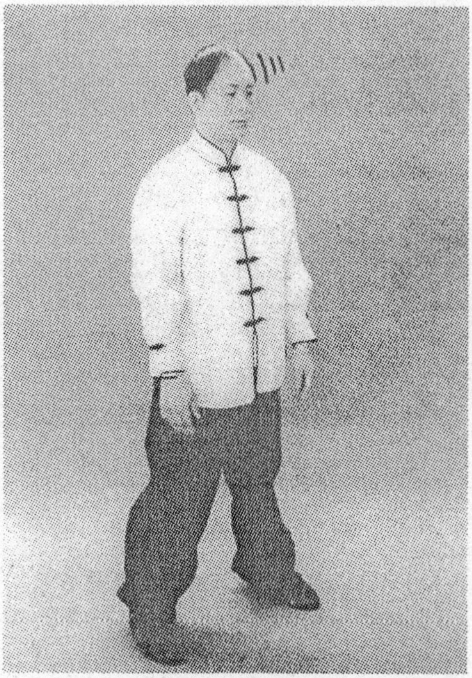

Figura 3-98

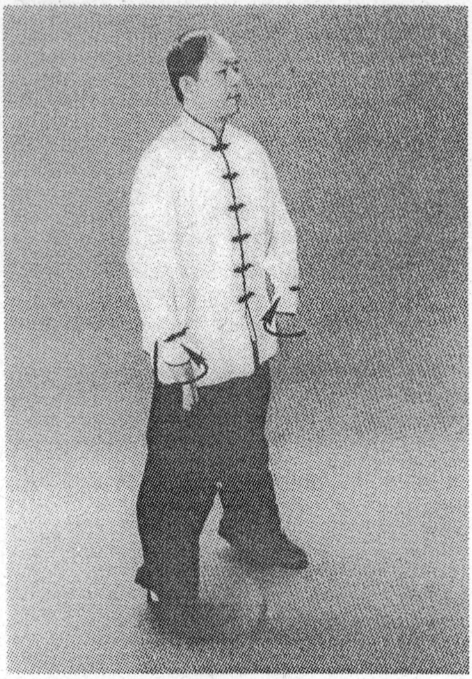

Figura 3-99

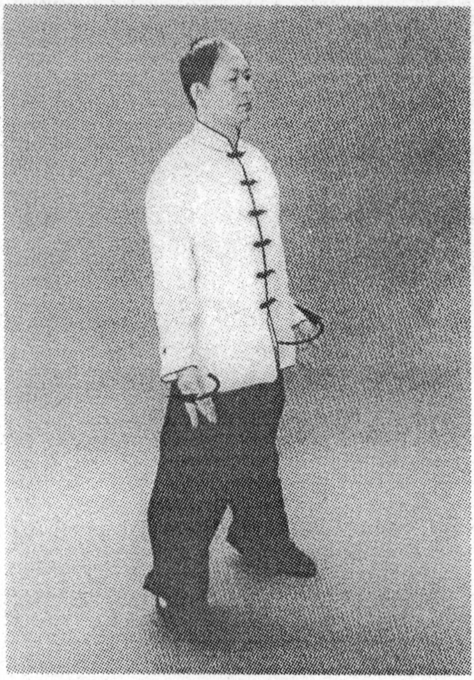

Figura 3-100

paz. Inspire y espire suavemente y con naturalidad unas diez veces, en coordinación con la contención y relajación del ano y de la cavidad Huiyin.

2. La Grulla Blanca Relaja sus Alas (Bair Heh Doou Chyh) 白鶴抖翅

Haga una inspiración y gire las palmas hacia atrás mientras arquea los hombros hacia delante y arquea un poco el pecho (Figura 3-99). Al inspirar, contenga el ano y la cavidad Huiyin. Después, espire girando las palmas hacia delante. Mientras lo hace, eche los hombros hacia atrás y relaje el ano y la cavidad Huiyin (Figura 3-100). En todos estos movimientos, tanto el Yi como la verdadera acción empiezan en los pies, pasan por el pecho y, finalmente, llegan a las puntas de los dedos de las manos. Repítalo diez veces.

3. Penetrar hacia delante y Tirar hacia atrás (Chyan Tzuann Hou Ba) 前鑽後拔

Aspire el aire y levante las manos hasta la mitad del pecho. Debe arquear el pecho ligeramente hacia dentro, y poner los dedos y los brazos en línea recta (Figura 3-101). Meta hacia dentro los codos y extienda los brazos hacia delante, con las palmas hacia arriba, mientras espira y arquea los hombros hacia delante con suavidad (Figura 3-102). Inspire al expandir los codos a los lados y recoger los brazos al pecho. Gire los brazos mientras los mueve para terminar el movimiento con las palmas mirando al pecho. Los brazos y los dedos deben estar en línea recta (Figura 3-103). Al espirar, presione con las manos hacia abajo, manteniéndolas en línea (Figura 3-104). Repítalo diez veces.

Figura 3-101

Figura 3-102

Figura 3-103

Figura 3-104

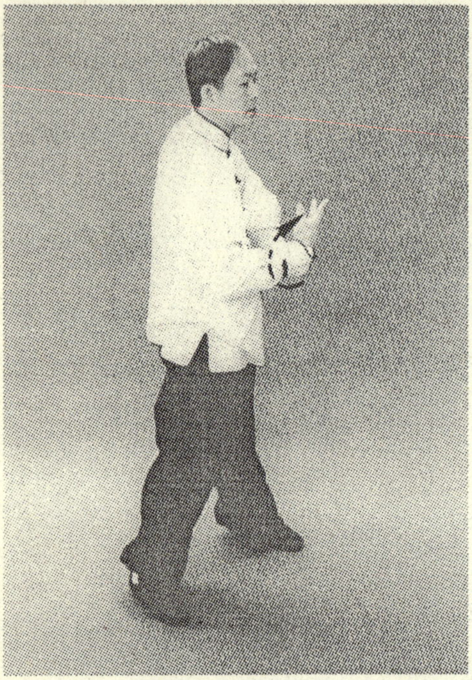

Figura 3-105

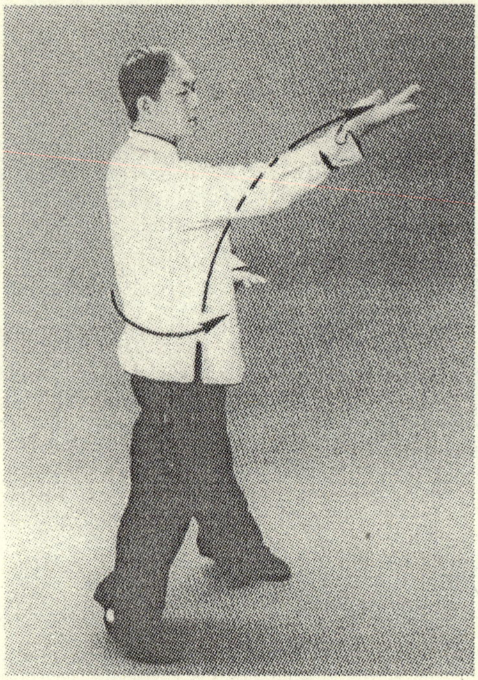

Figura 3-106

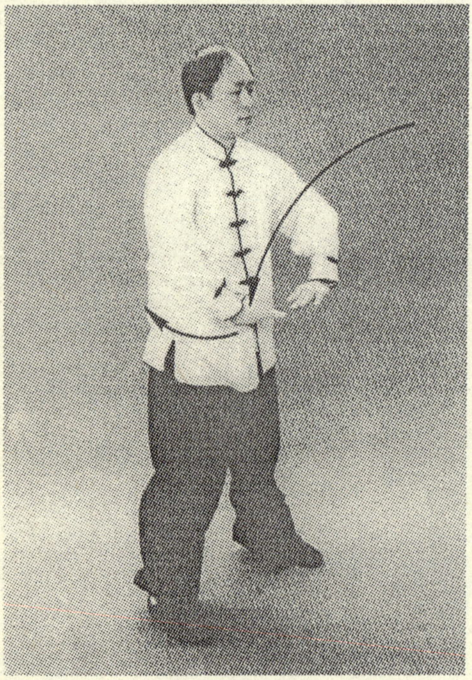

Figura 3-107

4. Yin y Yang de Izquierda y Derecha (Tzuoo Yow Yin Yang) 左右陰陽

Con las manos delante del abdomen, avance la mano derecha hacia delante y gire la palma hacia arriba mientras espira y tuerce el cuerpo levemente (Figuras 3-105 y 3-106). Luego, inspire y recoja la mano derecha hasta su posición original (Figura 3-107). Después, espire y avance la mano izquierda hacia delante y gire la palma hacia arriba mientras espira y tuerce el cuerpo levemente (Figura 3-108). Haga diez repeticiones, y termine con los brazos alineados delante del abdomen (Figura 3-109).

5. Agua y Fuego Actúan Mutuamente (Kan Lii Jiau Gow) 坎離交媾

Haga una inspiración, gire las palmas de las manos hacia arriba (Figura 3-110) y levante las manos hasta la altura del pecho, como si estuviera levantando algo (Figura 3-111). Gire

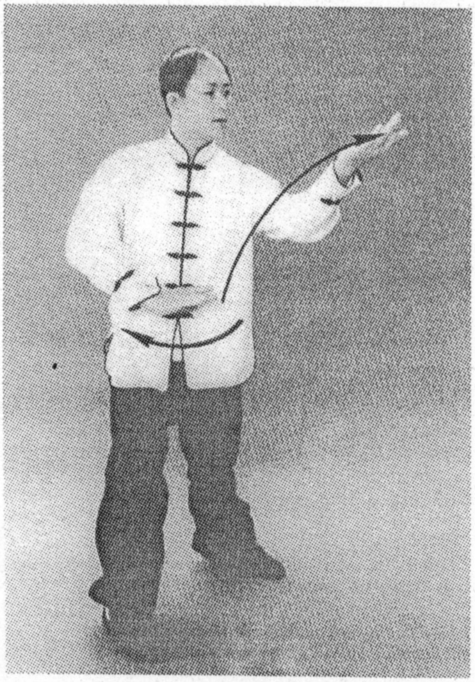

Figura 3-108

Figura 3-109

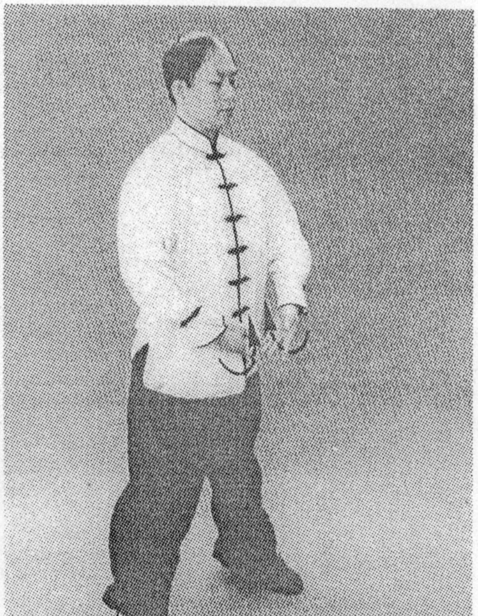

Figura 3-110

Figura 3-111

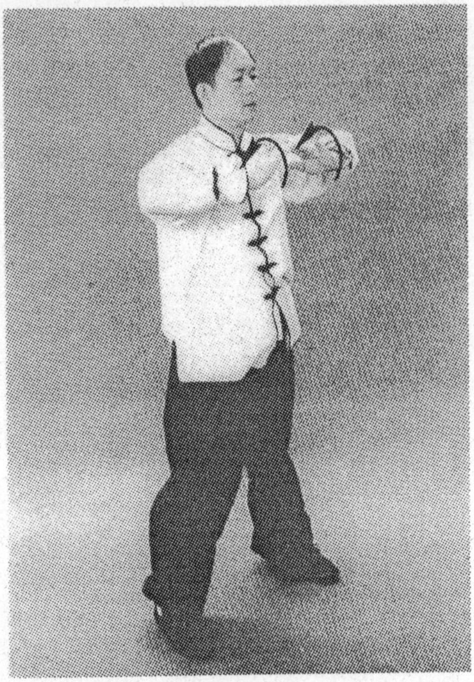

Figura 3-112

Figura 3-113

las palmas hacia abajo (Figura 3-112) y, luego, empuje hacia abajo hasta el abdomen, manteniendo la alineación de las manos (Figura 3-113). Repítalo diez veces.

6. El Gran Oso Rodea la Luna (Dah Shyong Goong Yeuh) 大熊拱月

Continuando a partir del ejercicio anterior, haga una inspiración y levante las manos a la altura del pecho mientras gira las palmas hacia arriba (Figura 3-114). Al espirar, extienda los brazos y gírelos hacia delante para que los brazos y el pecho formen un amplio círculo con las palmas de las manos mirando hacia delante (Figura 3-115). A medida que inspira, vuelva a situar las manos delante del pecho, girando los brazos hasta que las palmas miren hacia arriba (Figura 3-116). Finalmente, espire y empuje con ambas palmas hacia abajo hasta el abdomen, manteniendo las manos en línea (Figura 3-117). Haga diez repeticiones. Acuérdese, cuando eleve las manos, de imaginar que está levantando algo, y cuando empuje hacia abajo, imaginar que está empujando algo. Recuerde, también, que cuando extienda los brazos, éstos deben formar un círculo con el pecho.

7. El Buda Viviente Sostiene el Cielo (Hwo For Tuo Tian) 活佛托天

Este ejercicio es similar al anterior, con la diferencia de que, en esta ocasión, empuja usted con las manos hacia arriba en vez de hacerlo hacia delante. En la primera inspiración, levante las manos a la altura del pecho (Figura 3-118) y, luego, gire las palmas hacia arriba (Figura 3-119) al tiempo que empuja y espira (Figura 3-120). En la segunda inspiración, gire las palmas y baje las manos al pecho (Figura 3-121), y al tiempo de espirar,

Figura 3-114

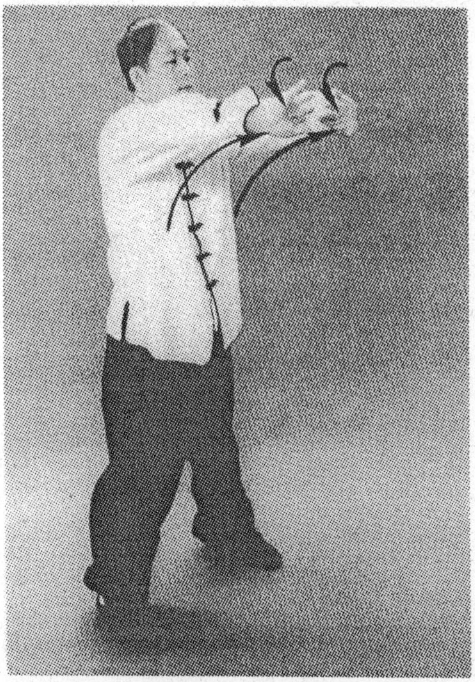

Figura 3-115

Figura 3-116

Figura 3-117

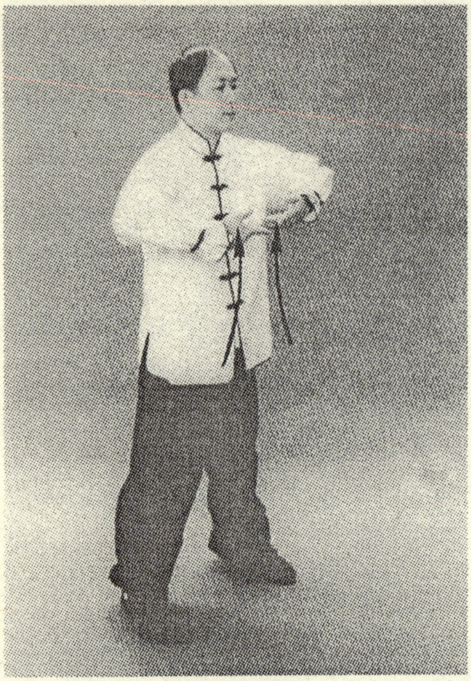

Figura 3-118

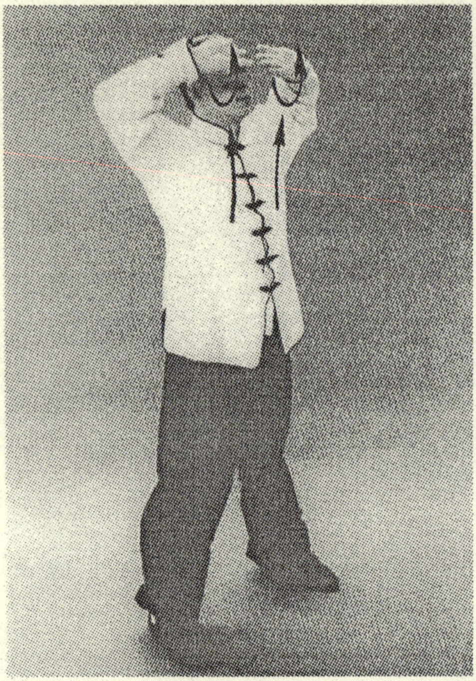

Figura 3-119

Figura 3-120

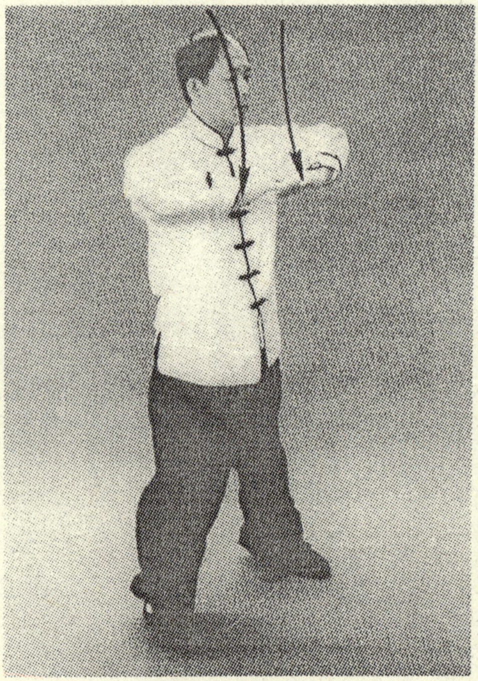

Figura 3-121

Figura 3-122

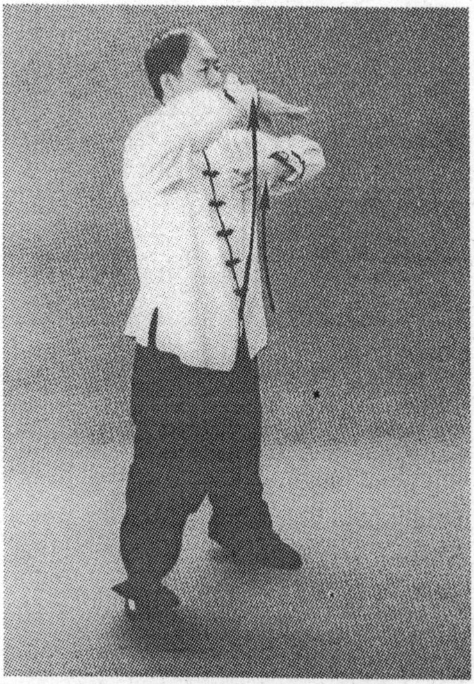

Figura 3-123

empuje con las palmas hacia abajo hasta el abdomen (Figura 3-122). Repítalo diez veces.

8. Voltear el Cielo y la Tierra delante del Cuerpo (Shang Shiah Chyan Kuen) 上下乾坤

En primer lugar, gire las palmas hacia arriba y levante las dos manos a la altura del pecho mientras inspira; luego, espire y empuje con una mano hacia arriba y con la otra hacia abajo (Figuras 3-123 y 3-124). Mientras inspira, lleve ambas manos al pecho (figura 3-125), y, después, espire y empuje arriba y abajo con las manos enfrentadas (figura 3-126). Repítalo diez veces.

9. El Gallo de Oro Tuerce las Alas (Jin Ji Aw Chyh) 錦鶏拗翅

Este ejercicio es muy similar al anterior, salvo que la mano que empuja hacia abajo está

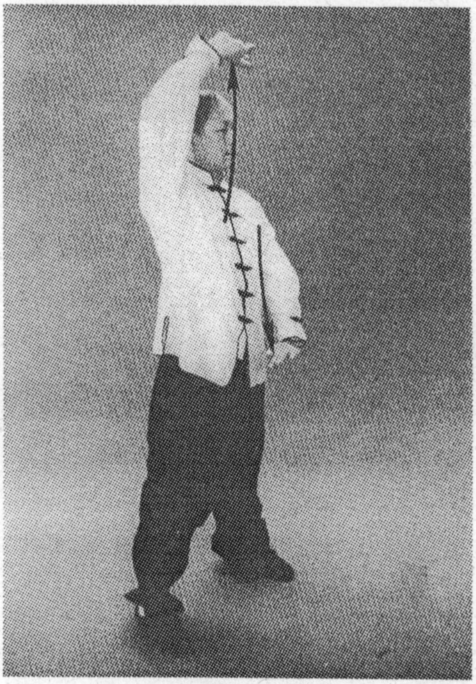

Figura 3-124

Figura 3-125

Figura 3-126

Figura 3-127

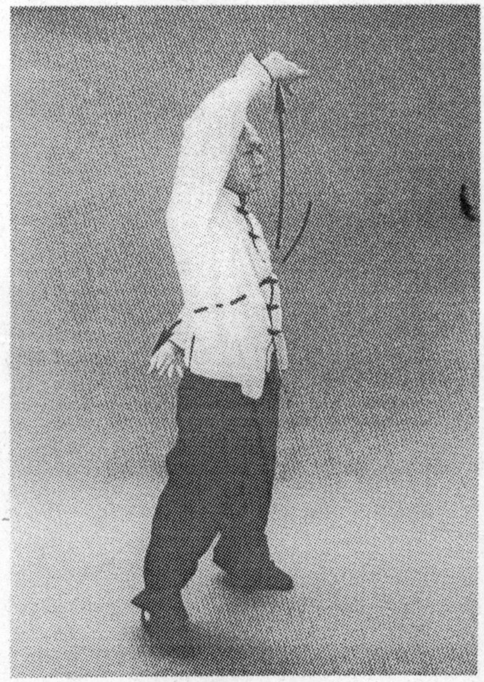

Figura 3-128

Figura 3-129

Figura 3-130

detrás. Durante la inspiración, lleve las dos manos al pecho (Figura 3-127), y durante la espiración, sepárelas y empuje con ellas hacia arriba y hacia abajo (Figura 3-128). Luego, inspire de nuevo y lleve ambas manos al pecho (Figura 3-129), sepárelas y empuje arriba y abajo durante la espiración (Figura 3-130). Repítalo diez veces.

10. Volver la Cabeza para Mirar la Luna (Hwei Tour Wang Yeuh) 回頭望月

Continúe a partir del último ejercicio con la misma posición de las manos y la misma coordinación respiratoria, pero, ahora, gire el cuerpo al espirar (Figuras 3-131 y 3-132). Cuando inspire, tuerza el cuerpo hasta que mire al frente y recoja las dos manos delante del pecho (Figura 3-133), y en la espiración, tuerza el cuerpo al lado y separe las manos (Figura 3-134). Si tiene la mano derecha arriba, debe torcer el cuerpo a la izquierda y viceversa. Repítalo diez veces.

Figura 3-131

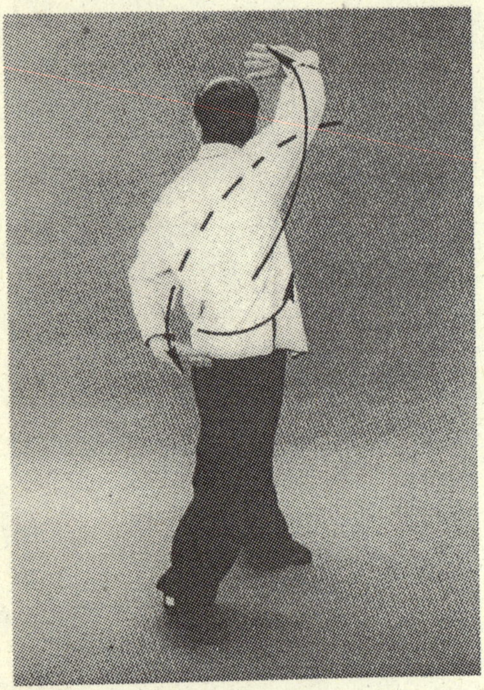

Figura 3-132

Figura 3-133

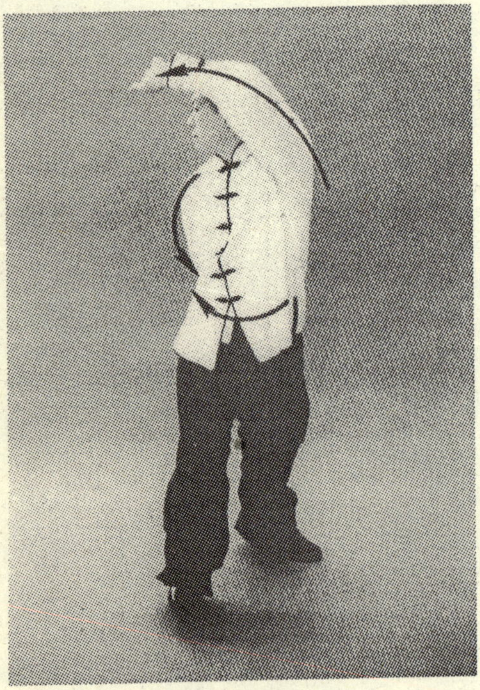

Figura 3-134

Figura 3-135

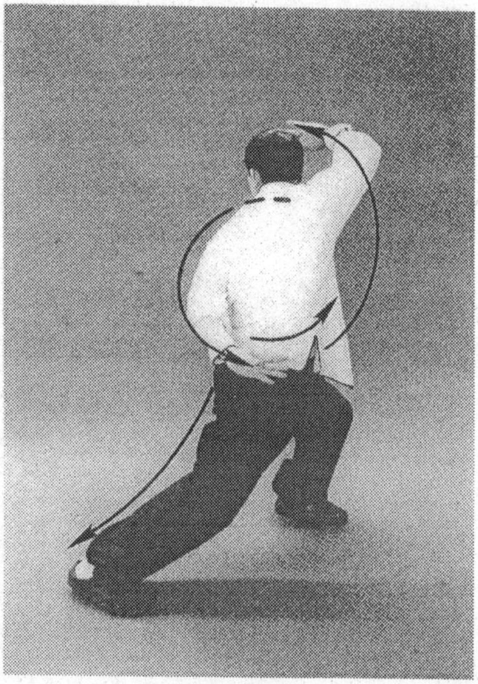

Figura 3-136

Figura 3-137

11. La Gran Pitón Tuerce Su Cuerpo (Dah Maang Joan Shenn) 大蟒轉身

Terminado el último ejercicio, dé un paso a la izquierda con la pierna izquierda y flexione las piernas para apoyar sobre ella, aproximadamente, el 60% de su cuerpo. El cuerpo gira en un movimiento de torsión y los brazos se desplazan exactamente igual que en el último ejercicio (Figuras 3-135 y 3-136). Cuando gire el cuerpo a la izquierda, tuerza también la cabeza para mirar la parte posterior. La mano derecha estará encima de la cabeza, efectuando la torsión con todo el cuerpo desde la punta de los dedos de las manos hasta los pies. Cuando inspire, vuelva a enderezar el cuerpo para que mire al frente, mientras cambia la posición de las manos (Figura 3-137). Por último, espire y gire el cuerpo hacia el otro lado (Figura 3-138). Pivote sobre los pies todo lo necesario para mantener el equilibrio. Repita el movimiento completo diez veces.

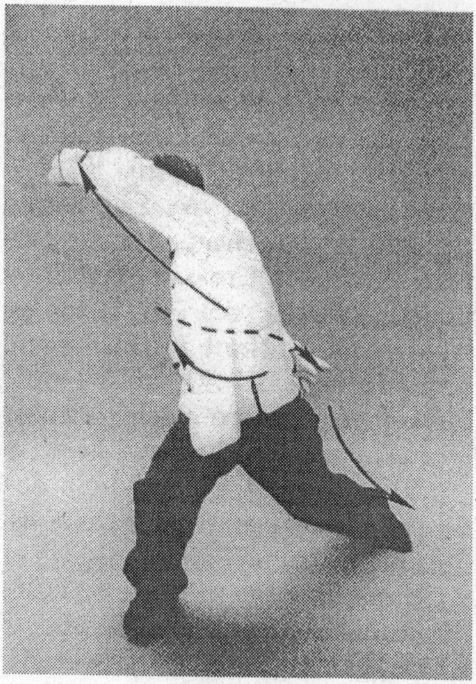

Figura 3-138

Figura 3-139

Figura 3-140

Figura 3-141

Figura 3-142

Figura 3-143

Figura 3-144

12. Torsión Arriba y Abajo (Shang Shiah Shyuan Parn) 上下旋盤

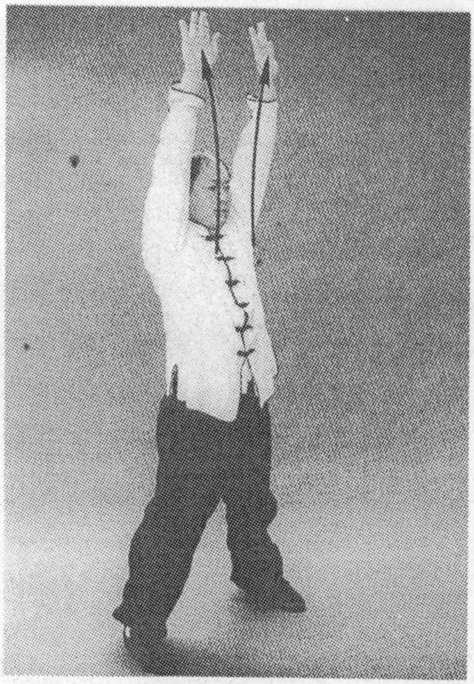

Figura 3-145

Tras haber completado el último ejercicio, gire el cuerpo al frente y coloque las manos en la cintura (Figura 3-139). A continuación, espire y levántese, al mismo tiempo que estira los brazos hacia arriba con las palmas de las manos mirando hacia delante (Figuras 3-140 y 3-141). Luego, inspire y agáchese mientras realiza una torsión del cuerpo girando hacia atrás y, simultáneamente, recoja los brazos al pecho con las palmas de las manos hacia dentro. Debería acabar en la Posición de Sentado sobre las Piernas Cruzadas (Figuras 3-142 y 3-143). Después, levántese y gire el cuerpo a la posición frontal del Jinete (Figura 3-144), y continúe alzando las manos por encima de la cabeza, volviendo las palmas hacia fuera (Figura 3-145). Los pies deben pivotar cuanto sea preciso para conservar el equilibrio. Repita el mismo movimiento al otro

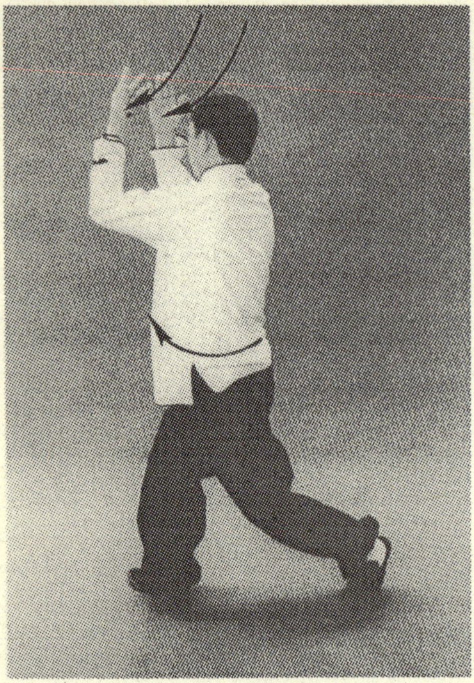

Figura 3-146

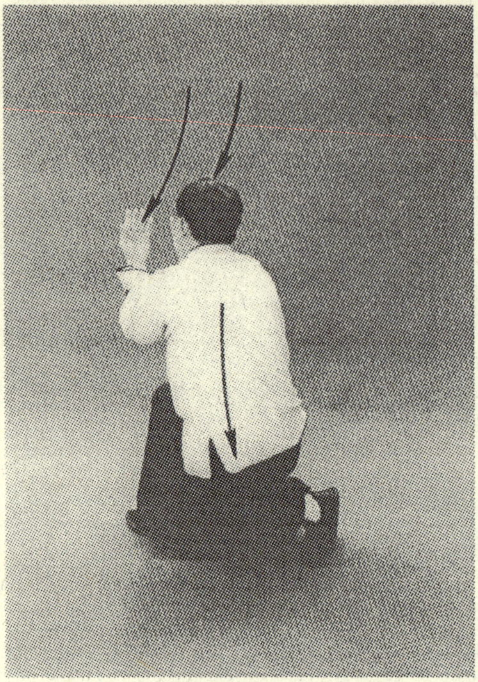

Figura 3-147

Figura 3-148

Figura 3-149

Figura 3-150

Figura 3-151

lado (Figuras 3-146 a 3-148). Repítalo diez veces. Cuando haya terminado, inspire y baje las manos hasta el pecho (Figura 3-149), y, luego, espire y bájelas hasta la cintura (Figura 3-150). El cuerpo entero es como un resorte, efectuando torsiones y rebotes arriba y abajo lentamente, en coordinación con la respiración. Los practicantes más viejos y débiles tal vez consideren el ejercicio demasiado agotador. Si éste fuera el caso, pueden bien saltarlo o reducir el número de repeticiones.

Cuando haya finalizado con el grupo de ejercicios de torsión, manténgase de pie, inmóvil, y regule su mente y su respiración durante unos minutos (Figura 3-151). Sienta como se redistribuye el Chi. Permanezca en pie durante un par de minutos antes de moverse.

III. Grupo de Balanceo

El grupo de balanceo fue creado en su origen para enseñar al practicante de Tai Chi marcial a equilibrar su Chi cuando hacía Jing. Dice así el Tratado de Chan San-Feng: «Si existe lo de arriba, existe lo de abajo; si existe lo anterior, existe lo posterior; si existe la izquierda, existe la derecha. Si queréis subir, ello implica considerar bajar».[3] Según este dicho, queda muy claro que el secreto de la manifestación eficaz del Jing consiste en el equilibrio del Yi y el Chi.

3.- 張三豐: " 有上即有下，有前即有後，有左即有右，如意要向上，即寓下意 "

Analizando el tema más a fondo, el equilibrio de Jing consiste, primero, en la postura de equilibrio, que procede de un firme enraizamiento y concentración. Sólo así sentirá el cuerpo cómodo y estable, y el juicio del Yi preciso. Cuando este Yi se emplea para dirigir el Chi y energizar los músculos, podrá usted manifestar el Jing con la mayor fuerza.

El movimiento de balanceo es muy sencillo. Basta con pasar el peso de una pierna a otra, coordinado con los movimientos del brazo. Al desplazarse hacia delante, la acción de los brazos está equilibrada por la pierna atrasada, y cuando cambie el peso a la pierna atrasada y recoja los brazos, el movimiento estará equilibrado por la pierna adelantada. El repetido movimiento de balanceo ayudará a desarrollar el sentido de la concentración y del equilibrio y a crear la raíz de la que surgirá la energía. Aunque estos ejercicios se crearon para el entrenamiento Jing, muchos practicantes de Tai Chi han descubierto que pueden mejorar bastante la fuerza de las piernas, además de adiestrar tanto la concentración y el equilibrio física y mentalmente; lo que, también, contribuye a una buena salud.

Incluiremos sólo cinco ejercicios; pero, después que usted los haya practicado durante algún tiempo y comprenda la teoría, deberá ser capaz de descubrir o crear otros.

1. Los Brazos que Rodean (Goong Bi) 拱臂

Comience en la Postura del Arco y las Flechas, descansando el 60% de su peso sobre el pie adelantado y los dos brazos estirados al frente (Figura 3-152). Inspire y traslade el peso lentamente a su pie atrasado, hasta que soporte el 60% del peso total. Al tiempo que lo hace, agáchese y recoja los brazos mientras los va girando para que las palmas de las manos miren hacia arriba (Figura 3-153). Continúe levantando ambos brazos en círculo a los lados, a la altura de los hombros. Según vaya levantando los brazos, gírelos para que las palmas miren hacia abajo cuando lleguen a la altura del hombro (Figura 3-154). Luego, espire el aire y desplace los brazos al frente mientras, nuevamente, pasa el 60% del peso del cuerpo a la pierna adelantada (Figura 3-155). Repita el ejercicio diez veces; después, cambie la posición de las piernas y repita los mismos movimientos otras diez veces.

2. Defensa (Peng) 掤

Esta forma es una adaptación de la secuencia de Tai Chi. Empiece con la pierna derecha adelantada, el brazo derecho delante del pecho con la palma hacia dentro, y la mano izquierda inmediatamente detrás y debajo del brazo derecho con la palma al frente. La mano atrasada no debe tocar el brazo adelantado (Figura 3-156).

Figura 3-152

Figura 3-153

Figura 3-154

Figura 3-155

Figura 3-156

Figura 3-157

Figura 3-158

A medida que va trasladando el peso a la pierna atrasada, inspire y baje ambas manos (Figura 3-157). Continuando el movimiento, espire y traslade el peso a la pierna adelantada mientras levanta los brazos en un movimiento defensivo (Figura 3-158). El movimiento se genera desde las piernas, y se dirige por la cintura hacia el brazo derecho y la mano izquierda. Repita el movimiento diez veces, y, después, cambie la posición de las piernas para efectuar otras diez repeticiones.

3. Inclinarse Hacia Atrás y Presionar (Lu Ghi) 攦擠

Este movimiento también es una adaptación de la forma del Tai Chi. Comience el ejercicio en la Postura del Arco y las Flechas, con el brazo derecho frente al pecho y la mano izquierda detrás de la muñeca derecha (Figura 3-159). Espire y el aire y tuerza la mano derecha al frente y hacia arriba, como una serpiente que se enroscase en una rama (Figuras 3-160 y 3-161). La mano izquierda permanece junto al brazo derecho y sigue sus movimientos. A medida que inspira, continúe suavemente el movimiento girando la palma derecha hacia abajo e iniciando el movimiento de inclinación hacia atrás, mientras traslada el peso a la pierna atrasada hasta que usted adopte la Postura Cuatro-Seis y su cuerpo quede ligeramente girado a la izquierda (Figura 3-162). Efectúe un pequeño círculo con el brazo izquierdo (figura 3-163), y, luego, haga que su mano izquierda entre en contacto con su muñeca derecha (Figura 3-164). Por último, expulse el aire y utilice la mano izquierda para presionar la muñeca derecha hacia delante a medida que traslada el 60% de su peso a la pierna adelantada (Figura 3-165). Cuando haya terminado de hacer

Figura 3-159

Figura 3-160

Figura 3-161

Figura 3-162

Figura 3-163

Figura 3-164

Figura 3-165

Figura 3-166

Figura 3-167

Figura 3-168

las diez repeticiones, cambie la posición de las piernas y haga diez repeticiones por el otro lado.

4. Empujar (An) 按

Este movimiento también se ha adaptado de la secuencia Tai Chi. Empiece empujando al frente con ambas manos adoptando mientras tanto la postura del Arco y la Flecha (Figura 3-166). Al inspirar, traslade el peso a la pierna atrasada en la Postura Cuatro-Seis y levante, simultáneamente, las manos recogiéndolas después al pecho (Figuras 3-167 y 3-168). Al espirar el aire, empuje con las manos al frente, mientras vuelve a trasladar el peso hacia delante, en la Postura del Arco y la Flecha (Figura 3-169). Cuando realice el movimiento de empuje permanezca relajado, aunque debe sentir realmente que está empujando un objeto pesado. Recuerde siempre que debe empujar hacia atrás con la pierna atrasada para obtener la fuerza de empuje hacia delante. Repítalo diez veces con cada pierna.

Figura 3-169

Figura 3-170

Figura 3-171

5. Hacer Girar el Balón (Joan Chyou) 轉球

Este ejercicio enseña al practicante de Tai Chi a relajar y distender la cintura y el pecho, así como a utilizar la cintura para dirigir los movimientos a los brazos y a las manos. No existe un modelo específico sobre los movimientos de este ejercicio. Sitúe, sencillamente, los brazos delante del pecho, con las palmas de las manos mirándose una a la otra como si estuviera sosteniendo un balón de baloncesto, y, luego, haga girar el balón de varias maneras, arriba, abajo y a los lados. Usted puede girar el cuerpo en varias direcciones, levantarse y agacharse, hacia delante y hacia atrás (Figuras 3-170 y 3-171). Genere el movimiento desde las piernas y diríjalo con la cintura. Puede hacer rotar su cuerpo del modo que desee siempre que las palmas de las manos permanezcan enfrentadas una a la otra, manteniendo la misma distancia de separación. Practíquelo durante tres minutos con la pierna derecha adelantada; luego, cambie de pierna y practique durante otro tres minutos.

Se habrá dado cuenta de que todos estos ejercicios tienen como función desarrollar la conexión desde las piernas enraizadas a la cintura, el pecho, los hombros y, finalmente, a las manos. Ése es el requisito fundamental en la práctica del Tai Chi. Para alcanzar este objetivo, su cuerpo debe estar muy flexible, y el movimiento originado desde las piernas a las manos debe ser continuo y sin ninguna retención. Esto crea una base firme para el Tai Chi Chuan en movimiento y también para la manifestación de Jing.

Figura 3-172

Figura 3-173

Tai Chi Chi Kung en Movimiento (caminando)

El Tai Chi Chi Kung en movimiento es, en esencia, el Tai Chi Chuan propiamente dicho. La mayoría de los movimientos que se realizan caminando han sido adaptados de la secuencia Tai Chi, con la única diferencia que se repite de manera continua un mismo movimiento hasta que pueda sentirse el movimiento del Chi. Dado que sólo se está ejecutando un movimiento básico, es fácil de recordar y de dominar, y puede ponerse toda la atención en estar relajado, concentrado y equilibrado, y, por tanto, en regular el cuerpo. Entonces, se puede comenzar por regular la respiración y la mente, que son la clave para dirigir el Chi. El Tai Chi Chi Kung caminando debe entrenarse antes de que el principiante comience a aprender la secuencia Tai Chi. Los practicantes experimentados a menudo practican el Tai Chi Chi Kung caminando para penetrar más en el conocimiento del Chi, la mente y el cuerpo.

1. Movimientos Ondulantes con las Manos como Nubes (Yun Shoou) 雲手

Agáchese y adopte la Postura del Jinete, poniendo las manos a la altura de la cintura (Figura 3-172). Inspire y vaya desplazando con un mivimiento circular la mano derecha hasta situarla delante de la izquierda (Figura 3-173) y hacia arriba, al nivel del pecho

Figura 3-174

Figura 3-175

(Figura 3-174). Manteniendo el peso en el centro, espire el aire y gire el cuerpo a la derecha. La manos siguen, de manera natural, el giro del cuerpo (Figura 3-175). Una vez que su cuerpo esté girado, inspire y presione la mano derecha hacia abajo y levante el brazo izquierdo a la altura del pecho mientras desplaza la pierna izquierda al lado de la pierna derecha (Figura 3-176). Luego, espire y gire el cuerpo al lado izquierdo, dejando que las manos sigan naturalmente el movimiento (Figura 3-177). Continúe dando un paso con la pierna derecha hacia la derecha al tiempo que cambia las manos, y, después, gire a la derecha a medida que comienza a trasladar el peso a la pierna derecha. Repítalo tantas veces como desee. Los brazos deben estar muy ligeros, flotar alrededor como si fueran nubes. El objetivo principal de este ejercicio consiste en distender el pecho y la columna, y, además, aprender a dirigir la energía desde las piernas a las manos con los movimientos de rotación.

2. Volar en Diagonal (Xie Fei Shih) 斜飛勢

Comience desde la Postura del Arco y la Flecha, con la mano izquierda delante de la cara y la derecha fuera del costado, por debajo de la altura del pecho (Figura 3-178). A medida que va girando, vuelva el brazo izquierdo para que la palma de la mano mire hacia abajo; desplace hacia dentro el brazo derecho y gírelo para que la mano quede con la palma hacia arriba, por debajo de la mano izquierda; además, deberá desplazar hacia dentro la pierna derecha y pegarla a la pierna izquierda (Figura 3-179). Dé un paso con la pierna derecha al frente y a la derecha. Mientras

Figura 3-176

Figura 3-177

Figura 3-178

Figura 3-179

Figura 3-180

Figura 3-181

espira el aire, traslade el 60% de su peso total sobre la pierna derecha adelantada, gire su cuerpo hacia la pierna derecha y separe los brazos (Figura 3-180). El movimiento del brazo derecho está impulsado por la rotación del cuerpo. El brazo derecho no debería sobrepasar el costado del cuerpo. A continuación, inspire y gire el cuerpo ligeramente a la derecha. Al mismo tiempo, gire el brazo derecho para que la palma de la mano quede hacia abajo, recoja por dentro el brazo izquierdo y gírelo para que la palma de la mano esté hacia arriba, bajo la mano derecha, y recoja la pierna izquierda (Figura 3-181). Dé un paso con la pierna izquierda hacia delante, luego espire y cambie el cuerpo hacia delante. Al mismo tiempo, gire el cuerpo hacia la pierna izquierda y separe los brazos para terminar en la misma posición que comenzó. Mientras realice este movimiento, deberá arquear el pecho cuando inspire y expandirlo cuando espire. Este ejercicio es muy útil para regular el Chi de los pulmones y de los riñones.

3. Hacer Torsión con el Cuerpo y Círculos con los Puños (Pieh Shenn Chui) 撇身捶

Desplace la pierna derecha al frente y toque con el talón; al mismo tiempo, mueva el brazo derecho delante del cuerpo (Figura 3-182). Al espirar el aire, pase el peso hacia delante y haga una torsión con el cuerpo para que el pie gire hacia la derecha y el brazo derecho haga círculos, en el sentido de las agujas del reloj, por delante del pecho (Figura

Figura 3-182

Figura 3-183

3-183). El brazo izquierdo se moverá con el cuerpo. Inspire y desplace al frente la pierna izquierda y toque con el talón, y, al mismo tiempo, comience a bajar el brazo derecho y a desplazar el brazo izquierdo delante del cuerpo. Después, espire el aire y gire el cuerpo a la izquierda, para que el pie izquierdo gire hacia la izquierda y el brazo izquierdo ejecute círculos, en el sentido opuesto al de las agujas del reloj, arriba y a la izquierda (Figura 3-184). El brazo derecho se moverá con el cuerpo. Recuerde que la cintura siempre dirige el movimiento de los brazos. Practíquelo diez veces por lo menos.

4. La Pierna que se Desplaza (Tsai Tuei) 踩腿

La pierna que se desplaza ayuda a mantener el equilibrio y fortalecer las rodillas. Inspire y adelante la pierna izquierda con los dedos

Figura 3-184

Figura 3-185

Figura 3-186

mirando unos 30 grados a la izquierda (Figura 3-185). Traslade el peso a la pierna izquierda y, al mismo tiempo, despacio, dé una patada con el talón derecho mientras empuja la mano izquierda al frente y espire el aire (Figura 3-186). Inspire y adelante la pierna derecha, señalando con los dedos a la derecha unos 30 grados (Figura 3-187). Después, espire y dé una suave patada con la pierna izquierda mientras empuja la mano derecha hacia delante (Figura 3-188). Mientras lanza una mano, la otra deberá recogerse a la cintura, con la palma hacia arriba. Hágalo diez veces.

5. Barrido de Pierna y Paso al Frente (Lou Hsi Yao Bu) 摟膝拗步

Adopte la Postura del Arco y la Flecha, con la pierna derecha adelantada, la mano derecha a la cintura y la izquierda empujando al frente (Figura 3-189). Inspire y comience a cruzar en círculo el brazo derecho, en el sentido de las agujas del reloj (Figura 3-190). Al espirar, haga una rotación con el cuerpo a la derecha, pivote sobre el pie derecho hacia la esquina frontal derecha y desplace la mano izquierda a la derecha. Al hacer esto, también trasladará el peso a la pierna adelantada, y la mano derecha continúa bajando en círculo a la derecha (Figura 3-191).

Todavía dentro de la espiración, levante la rodilla izquierda a la altura de la cintura, baje en círculo el brazo izquierdo para que pase barriendo la rodilla, y recoja el brazo derecho subiéndolo en círculo pasando junto a la oreja derecha (Figura 3-192). Inspire y de un paso al frente con la pierna izquierda (Figura 3-193). Mientras espira, pase el peso hacia delante, empuje al frente con la mano derecha, y recoja el brazo izquierdo baján-

Figura 3-187

Figura 3-188

Figura 3-189

Figura 3-190

Figura 3-191

Figura 3-192

dolo (Figura 3-194). Repita la secuencia completa por el otro lado. Haga diez repeticiones.

6. Ataque del Mono (Dao Nien Hou) 倒攆猴

Adopte la Postura Cuatro-Seis con la pierna derecha adelantada, empujando al frente con la mano derecha y la izquierda a la cintura (Figura 3-195). A continuación, inspire y gire el brazo derecho para que la palma mire hacia arriba, y, al mismo tiempo, describa un círculo desplazando la mano izquierda hacia atrás y arriba por detrás de la oreja, mientras levanta la pierna derecha (Figura 3-196).

Aproveche el momento de levantar la pierna derecha para girar el cuerpo y hacer que pivote sobre el pie izquierdo para que los dedos queden mirando al frente. La mano izquierda deberá haber alcanzado para entonces las proximidades de la oreja (Figura 3-197). Luego, dé

Figura 3-193

Figura 3-194

Figura 3-195

Figura 3-196

Figura 3-197

Figura 3-198

Figura 3-199

un paso atrás con la pierna derecha, espire y traslade el peso a la pierna derecha, y, en el mismo momento, empuje con la mano izquierda al frente mientras recoge la mano derecha a la cintura (Figura 3-198). Continúe los mismos movimientos con la otra pierna y siga dando pasos hacia atrás diez veces.

7. La Serpiente se Arrastra (Sher Shenn Shiah Shih) 蛇身下勢 y el Gallo Dorado se Sostiene sobre Una Pierna (Jin Ji Du Li) 金鷄獨立

Comience desde la Postura del Arco y la Flecha, empujando al frente con la palma izquierda y la mano derecha levantada detrás de usted (la postura del Látigo Sencillo) (Figura 3-199). Al inspirar, cambie el peso a la pierna derecha, atrasada, agáchese y recoja la mano izquierda al pecho (Figura 3-200). Baje la mano izquierda describiendo un círculo y desplácela a lo largo de la pierna izquierda (Figura 3-201). Empiece a espirar, gire el pie izquierdo 30 grados al costado mientras carga el peso sobre él. A medida que el peso va pasando hacia delante, doble primero la rodilla y, después, enderécela parcialmente. La mano derecha se levanta por delante de la cara, la rodilla derecha se levanta a la altura de la cintura y la mano izquierda se desplaza a su lado izquierdo (Figura 3-202). Por último, dé un paso al frente con la pierna derecha, agáchese, inspire y repita los mismos movimientos con la otra pierna (Figura 3-203). Hágalo diez veces.

Cuando realice estos ejercicios de Chi Kung caminando, los movimientos empiezan, como siempre, en las piernas, son dirigidos por la cintura y, finalmente, llegan a las

Figura 3-200

Figura 3-201

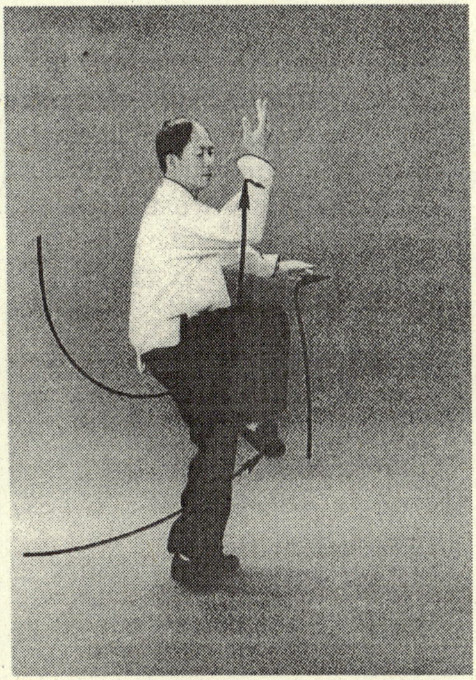

Figura 3-202

Figura 3-203

manos. Practique hasta que los movimientos sean suaves y naturales, que la respiración sea tranquila, profunda y cómoda, y la mente esté concentrada como en la meditación. Acuérdese de coordinar el movimiento de cavidad Huiyin y el ano con la respiración. Esta es la clave para avanzar desde la sensación del Tai Chi externo al campo de la experimentación del Tai Chi interno.

CAPÍTULO 4
CONCLUSIÓN

El Tai Chi es tan extenso que resulta imposible abarcar toda su teoría y práctica en sólo unos pocos libros. También es imposible afirmar que alguien comprenda por entero la teoría Tai Chi y que haya completado la práctica en su corta vida. En realidad, sólo aquellos practicantes avanzados, que hayan alcanzado la esencia de la teoría y práctica de este arte, comprenderán su verdadera profundidad. Parece como si cuanto más se escarbara, más profundo estuviera, y que cuanto más abrimos los ojos, más lejos se viera. Necesitamos muchos maestros de Tai Chi experimentados que abandonen sus prejuicios y compartan con el público lo que ellos han aprendido. Sólo de este modo alcanzará el estudio del Tai Chi Chuan un nivel profundo y beneficiará a la humanidad.

Me he propuesto varios objetivos al escribir este libro. En primer lugar, espero guiar a los practicantes de Tai Chi que estén interesados en el campo de las sensaciones internas del Tai Chi Chuan. A muchas de las personas que hoy practican Tai Chi Chuan sólo les interesa relajar el cuerpo, y prestan más atención a regular el cuerpo físico. Espero que, por medio de este libro, consigan acceder al lado interno de la práctica Tai Chi. En segundo lugar, me gustaría ayudar a enseñar, a quienes están interesados en el Tai Chi como arte marcial, la forma correcta de mover el cuerpo, así como a dirigir el Chi a las extremidades. Un cuerpo flexible y la coordinación mental y el Chi son la clave del poder del Tai Chi. La disciplina Tai Chi Chi Kung les permitirá echar los cimientos para las aplicaciones marciales. En tercer lugar, presentar el Tai Chi Chi Kung a aquellas personas del público en general a quienes les gustaría mejorar su salud.

Espero que este libro cause buenos efectos, como una piedra que se arroja a una laguna. Si este libro logra aportar buena salud al público en general, mi sueño se habrá hecho realidad.

APÉNDICE A
GLOSARIO DE TÉRMINOS CHINOS

Ann Mo: 按摩

Literalmente, presionar-frotar. En conjunto, significan: masaje.

Ba Duann Gin: 八段錦

Las Ocho Piezas del Brocado. Un ejercicio Wai Dan Chi Kung, el cual, según se cuenta, fue creado por Marshal Yeuh Fei, durante la dinastía Song (1127-1279 A.D.).

Ba Kua: 八卦

Literalmente: Las Ocho Adivinaciones. También llamado: los Ocho Trigramas. En la filosofía china, las ocho variantes básicas; mostradas en el I Ching como grupos de líneas continuas y discontinuas.

Ba Kua Chang: 八卦掌

Palma de los Ocho Trigramas. Uno de los estilos marciales del Chi Kung interno, el cual fue creado, según se cree, por Doong Hae-Chuan entre 1866 y 1880 A.D.

Bih Gang: 閉肛

Cerrar el ano.

Chang Chuan: 長拳

Chang significa largo y Chuan significa puño, estilo o secuencia. Estilo del Kung Fu del norte de China especializado en patadas y el combate a larga distancia. El Chang Chuan también se ha utilizado para referirse al Tai Chi Chuan.

Chang San-Feng: 張三豐

Se dice que creó el Tai Chi Chuan en la dinastía Song (960-1279 A.D.), no obstante, no existen documentos que lo demuestren.

ChangChiang: 長强

Nombre de una cavidad del Vaso Gobernador, localizado en la zona del cóccix.

Charn (Zen): 禪（忍）

Escuela china del Budismo mahayana que afirma que puede alcanzarse la iluminación a través de la meditación, la autocontemplación y la intuición, en vez a través del estudio de los textos sagrados. Chan recibe el nombre de Zen en Japón.

Chen Jar Gou: 陳家溝

Nombre de la ciudad de la familia Chen, donde tuvo su origen el estilo Chen de Tai Chi.

Chi: 氣

La definición general de Chi es: energía universal, se incluye la energía calorífica, luminosa y electromagnética. Una definición más concreta de Chi hace referencia a la energía que circula por el cuerpo de los seres humanos y de los animales.

Chiaw Men: 竅門

Puerta falsa o secreta. Puede llevar al practicante a la esencia del entrenamiento.

Chii Huoo: 起火

Iniciar el fuego. En la práctica Chi Kung: cuando se empieza a elaborar Chi en el Dan Tien Inferior.

Chi Kung: 氣功

Kung significa Kung Fu (lit. enegía-tiempo). Por tanto, Chi Kung significa estudio, investiagación, y/o prácticas relacionadas con el Chi.

Chin Na: 擒拿

Literalmente, control de agarre. Tipo de Kung Fu chino que resalta las técnicas de agarre para controlar las articulaciones del oponente en combinación con el ataque a ciertas cavidades acupunturales.

Ching: 經

Canal. A veces se traduce por meridiano. Hace referencia a los doce «ríos», relacionados con los órganos, que hacen circular el Chi por todo el cuerpo.

Da Chyau: 搭橋

Construir un puente. Se refiere a la práctica Chi Kung de tocar el cielo del paladar con el ápice de la lengua para formar un puente o vínculo entre los Vasos Gobernador y Concepción.

Da Mo: 達摩

Monje budista hindú a quien se le atribuye la creación del Yi Gin Ching y el Shii Soei Ching durante su estancia en el monasterio Shaolin. Su último nombre fue Sardili, y también se le conoció como Bodhidarma. Al principio, era príncipe de una pequeña tribu al sur de la India.

Dan Diing Tao Kung: 丹鼎道功

El caldero del elixir del Chi Kung. Entrenamiento Chi Kung de los taoístas.

Dan Tien: 丹田

Literalmente: Campo del Elixir. Puntos del cuerpo que son capaces de almacenar y generar el Chi (elixir) en el organismo. El Dan Tien Superior, Medio e Inferior se encuentran localizados, respectivamente, entre las cejas, en el plexo solar y a unos pocos centímetros por debajo del ombligo.

Dien Shiuh: 點穴

Dien significa «señalar y ejercer presión» y Shiuh significa «las cavidades». Dien Shiuh se refiere a aquellas técnicas Chin Na que se especializan en el ataque a las cavidades acupunturales para inmovilizar o matar a un oponente.

Dih: 地

La Tierra. Tierra, (Cielo Tian) y Hombre (Ren) son las «Tres Fuerzas Naturales» (San Tsair).

Dih Chi: 地氣

Chi terrestre. La energía de la tierra.

Dih Lii Shy: 地理師

Di Li significa geomancia y Shi significa maestro. Por tanto, Di Li Shi significa maestro que analiza los lugares geográficos, según las fórmulas del I Ching (Libro del Cambio) y la distribución de la energía en la Tierra.

Dim Mak: 點脉

Señalar los Vasos. Forma de golpear los vasos Chi o los vasos sanguíneos en las artes marciales chinas. Ver, también, Dien Shiuh.

Ermei, Monte: 峨嵋山

Monte situado en Szechuan, provincia de China. Muchos de los estilos marciales Chi Kung tuvieron allí su origen.

Fa Jing: 發劲

Emitir Jing. La energía que se emplea normalmente para un ataque.

Faan Hu Shi: 反呼吸

Respiración inversa. También llamada generalmente Respiración Taoísta.

Faan Jieng Buu Nao: 返精補腦

Literalmente: devolver la Esencia para nutrir el cerebro. Proceso de entrenamiento Chi Kung taoísta en el cual el Chi convertido a partir de la Esencia se dirige a la cabeza para nutrir el cerebro.

Faan Torng: 返童

Regreso a la niñez. Entrenamiento en el Nei Dan Chi Kung a través del cuál el practicante intenta recuperar el control de los músculos del bajo abdomen.

Fengfu: 風府

Nombre de cavidad, del Vaso Gobernador, situada en la parte posterior de la cabeza.

Feng Shoei Shy: 風水師

Literalmente: maestro de agua y viento. Maestro o profesor de geomancia. La geomancia es el arte o ciencia de analizar las reacciones de la energía natural en un lugar, sobre todo las interrelaciones entre «viento» y «agua», de ahí el nombre. También se llama Dih Lii Shy.

Gin Jong Jaw: 金鐘罩

Cubierta de la Campana de Oro. Entrenamiento de la Camisa de Hierro.

Goe Chi: 鬼氣

El Chi residual de una persona muerta. Los chinos budistas y taoístas creen que este Chi residual se llama también fantasma.

Hou Tian Faa: 後天法

Técnicas postcelestes. Estilo interno del Chi Kung creado, según se cree, alrededor del siglo VI.

Hsin: 心

Literalmente: Corazón. Se refiere a la mente emocional.

Hsin Shyi Shiang Yi: 形意，形意拳

La mente emocional y la respiración, mutuamente dependientes. Método de regulación de la mente en el Chi Kung con el cual el practicante presta atención a su respiración a fin de eliminar la agitación mental.

Hsing Yi o Hsing Yi Chuan: 心息相依

Lieteralmente: puño forma mental. Estilo interno de Kung Fu en el que la mente o el pensamiento determinan la forma o el movimiento del cuerpo. La creación del estilo se atribuye a Marxhal Yeuh Fei.

Hwang Tyng: 黄庭

Patio amarillo. 1. Patio o salón en el que los taoístas, quienes suelen vestirse con prendas de color amarillo, meditan juntos. 2. En el entrenamiento Chi Kung, lugar del abdomen donde se cree que puede generarse un «embrión».

I Ching: 易經

Libro de los Cambios. Libro de adivinación, escrito durante la dinastía Zhou (1122-255 a. de C.).

Jargi: 夾脊

Nombre de una cavidad utilizada por los practicantes de Chi Kung. El nombre de la misma cavidad en acupuntura es Lingtai. Esta cavidad se encuentra en el Vaso Gobernador. Véase también Lingtai.

Jea Guu Wen: 甲骨文

Libro sagrado Oráculo-Hueso. Primera prueba del empleo de la palabra escrita por los chinos. Hallada en pedazos de caparazón de tortugas y huesos de animales desde la dinastía Shang (1766-1154 a. de C.). La mayoría de la información registrada era de carácter religioso.

Jeng Hu Shi: 正呼吸

Respiración normal. Generalmente llamada Respiración Budista.

Jieng: 精

Esencia. La parte más refinada de todas las cosas.

Jieng Tzu: 精子

Hijos de la esencia. Se refiere al esperma.

Jing: 勁

Energía, en las artes marciales chinas, que procede de los músculos que han sido energetizados por el Chi hasta su potencial máximo.

Kan: 坎

Una fase de los ocho trigramas que representan el agua.

Kung Fu: 功夫

Literalmente: energía-tiempo. Cualquier estudio, aprendizaje o práctica que requiera mucha paciencia, energía y tiempo realizar. Dado que practicar las artes marciales chinas requieren gran cantidad de tiempo y energía, normalmente reciben el nombre de Gongfu.

Kuoshu: 國術

Literalmente: técnicas nacionales. Otro de los nombres que reciben las artes marciales chinas. Fue empleado por primera vez por el presidente Chiang Kai-Shek en 1926, cuando se fundó el Nanking Central Kuoshu Institute.

Laogong: 勞宮

Nombre de cavidad. En el canal del pericardio situado en el centro de la palma de la mano.

Lao Tzyy: 老子

El creador del taoísmo, también llamado Li Er.

Li: 力

La energía que se genera a partir de la fuerza muscular.

Li Erh: 李耳

Lao Zi, el creador del taoísmo.

Liann Chi: 練氣

Liann significa entrenar, fortalecer y refinar. Proceso de entrenamiento taoísta a través del cual se vuelve más fuerte y abundante.

Lii: 離

Una fase del Ba Kua; Lii representa el fuego.

Lingtai: 靈臺
Estación espiritual. En acupuntura, una cavidad de la espalda. En Chi Kung, se refiere al Dan Tien Superior.

Liu Ho Ba Fa: 六合八法
Literalmente: seis combinaciones de los ocho métodos. Estilo chino de artes marciales internas, supuestamente creado por Chen Bo durante la dinastía Song (960-1279 A.D.).

Lou: 络
Los pequeños canales Chi, que se ramifican desde los canales primarios Chi y se comunican con la piel y la médula ósea.

Mei: 脉
Vasos Chi. Los ocho vaos relacionados con el transporte, almacenaje y regulación de Chi.

Mih Tzong Shen Kung: 密宗神功
Estilo secreto de Gongfu Espiritual. Chi Kung y artes marciales tibetanas.

Nei Dan: 内丹
Elixir interno. Forma de Chi Kung en la que Chi (el elixir) se elabora en el cuerpo y se extiende a las extremidades.

Nei Jing: 内劲
Energía interna. El Jing o energía en que el Chi del Dan Tien se utiliza para soportar los musculos. Está caracterizado por músculos relativamente relajados. Cuando los músculos predominan y el Chi local se emplea para soportarlos, se denomina Wai Jing. Véase además Wai Jing.

Nei Kung: 内功
Gongfu interno. Estilos marciales chinos que insisten en la creación de Chi interno, al principio; y, luego, usan el Chi para energetizar los músculos a un grado superior de eficacía. Véase, también, Wai Gong.

Nei Shyh Kung Fu: 内視功夫
Nei Shyh significa mirar internamente, por eso Nei Shi Gongfu se refiere al arte de mirarnos a nosotros mismos para percibir el estado de salud y la condición de su Chi.

Pai Huo: 白鹤
Grulla Blanca. Estilo del sur del Kung Fu Shaolin que imita las técnicas de lucha de la grulla.

Ren Mei: 任脉
Suele traducirse por «Vaso de concepción».

Ren Chi: 人氣
Chi Humano.

Ru Jia: 儒家

Literalmente: familia confuciana. Sabios que siguen las ideas de Confucio; confuncianistas.

San Bao: 三寶

Tres tesoros. Esencia (Jing), energía (Chi) y espíritu (Shen). también llamados San Yuan (tres orígenes).

San Guan: 三關

Tres puertas. En el entrenamiento de la Circulación Menor, las tres cavidades del Vaso Gobernador que suelen obstruirse y deben abrirse.

Sann Kung: 散功

Dispersión de energía. Deterioro prematuro de los músculos cuando el Chi no puede energizarlos con eficacia. Causado por un prematuro exceso de entrenamiento.

San Shih Chi Shih: 三十七勢

Treinta y siete posturas. Según los archivos históricos, uno de los predecesores del Tai Chi Chuan.

San Tsair: 三才

Tres poderes. Cielo, Tierra y Hombre.

Shaolin: 少林

Un templo budista, en la provincia de Henan, famoso por sus artes marciales.

Sheau Jeau Tian: 小九天

Pequeño noveno cielo. Un estilo de Chi Kung creado en el siglo VI.

Sheau Jou Tian: 小周天

Pequeño ciclo celestial. También llamado Circulación Menor. El círculo Chi completo a través de los Vasos Concepción y Gobernador.

Shen: 神

Espíritu. Se dice que reside en el Dan Tian Superior (el tercer ojo).

Shenn Hsin Pyng Herng: 身心平衡

El cuerpo y la mente se equilibran mutuamente. En el Chi Kung chino, el cuerpo físico es Yang y la mente es Yin. Ambos deben entrenarse para equilibrarse uno a otro.

Shen Shyi Shiang Yi: 神息相依

Literalmente: maestro que calcula la vida. Adivino capaz de calcular el futuro y el destino.

Shian Tian Chi: 先天氣

Chi Prenatal. También llamado Dan Tian Chi. Es el Chi que fue convertido a partir de la Esencia Original y se almacena en el Dan Tian Inferior. Considerado como «Chi Agua», posee la capacidad de sosegar el cuerpo.

Shii Soei Ching: 洗髓經

Clásico del Lavado de Médula/Cerebro. Entrenamiento Chi Kung especializado en dirigir el Chi a la médula para limpiarla.

Shiou Chi: 修氣

Cultivar el Chi. Cultivar implica el sentido de proteger, conservar y refinar. Entrenamiento Chi Kung budista.

Shoou Jing: 守勁

Jing defensivo. Los Jings que se utilizan como defensa.

Suann Ming Shy: 算命師

Literalmente: maestro que calcula la vida. Adivino capaz de calcular el futuro y el destino.

Tai Chi Chuan: 太极拳

El gran puño definitivo. Arte marcial interno.

Tao: 道

La vía. La vía «natural» de todas las cosas.

Tao Jia (Tao Jiaw): 道家（道教）

La familia Tao. Taoísmo. Creado por Lao Tzyy durante la dinastía Jou (1122-934 a. C.). En la dinastía Han (aprox. 58 A.D.), se mezcló con el budismo y se convirtió en la religión taoísta (Tao Jiaw).

Tao Te Ching: 道德經

Tratado de moralidad. Escrito por Lao Tzyy.

Tian Chi: 天氣

Chi Celeste. Suele emplearse para indicar el tiempo atmosférico, ya que el tiempo está gobernado por el Chi celeste.

Tian Chyr: 天池

Lago celeste. Lugar situado bajo la lengua, donde se segrega la saliva.

Tian Shyr: 天時

Medida celeste. Los ciclos naturales que se repiten, generados por los cielos, tales como las estaciones, meses, días y horas.

Tiea Bu Shan: 鐵布衫

Camisa de Hierro. Entrenamiento Gongfu que endurece el cuerpo interna y externamente.

Tuei Na: 推拿

Literalmente: empuje y agarre. Estilo de masaje y manipulación para el tratamiento de lesiones y muchas enfermedades.

Tyau Chi: 調氣

Regular el Chi.

Tyau Hsin: 調心

Regular la mente emocional.

Tyau Shen: 調神

Regular el espíritu.

Tyau Sheen: 調身

Regular el cuerpo.

Tyau Shyi: 調息

Regular la respiración.

Wai Dan: 外丹

Elixir externo. Ejercicios Chi Kung externos en los cuales el Chi se elabora en las extremidades y, luego, se dirige al cuerpo.

Wai Jing: 外勁

Energía externa. El tipo de Jing en que predominan los músculos y donde sólo se utiliza el Chi local para sostenerlos. Véase también Nei Jing.

Wai Kung: 外功

Gongfu Externo. Los estilos marciales chinos que resaltan, principalmente, la energía y la fuerza muscular, al principio. Véase también Nei Gong.

Wey Chi: 衛氣

Chi Guardián. El escudo Chi que protege contra las influencias negativas externas.

Weilu: 尾閭

Cóccix. Nombre usado por los artistas marciales chinos y por los practicantes de Chi Kung. El nombre de esta cavidad en acupuntura es Chang Chiang. Véase también Chang Chiang.

Woa Shoou: 瓦手

Mano de teja. Típica forma de mano abierta usada en Tai Chi Chuan.

Wu Chi: 無极

Sin extremidad. Éste es el estado de vacío no diferenciado antes de comenzar. Tan proto como haya un comienzo o movimiento, existe una diferenciación y opuestos, y a esto se le llama Tai Chi.

Wushu: 武術

Literalmente: técnicas marciales. Nombre común que reciben las artes marciales chinas. Se utilizan otros muchos términos, entre los cuales están: Wuyi (artes marciales), Wugong (Gongfu marcial), Guoshu (técnicas nacionales) y Gongfu (energía-tiempo). Dado que el Wushu se ha convertido, en la China continental durante los últimos cuarenta años, en una práctica marcial gimnástica, muchos artistas marciales chinos, fieles a la tradición, han dejado de emplear este nombre para evitar confundir el

Wushu moderno con el tradicional. Recientemente, la China continental ha intentado devolver el Wushu moderno a su forma tradicional de práctica y entrenamiento.

Wuudang, Monte: 武當山

Situado en la provincia de Fubei, China.

Yang: 陽

En la filosofía china, la polaridad activa, positiva y masculina. En la medicina china, Yang significa excesivo, hiperactivo y recalentado. Los órganos Yang (o externos) son: la vesícula biliar, el intestino delgado, el intestino grueso, el estómago, la vejiga y el quemador triple.

Yeuh Fei: 岳飛

Héroe chino en la dinastía sureña Song (1127-1279 A.D.). Según se dice, creó el Ba Duan Jin, Xing Yi Quan y el Yue's Ying Zhua.

Yi: 意

Mente. Específicamente la que se genera mediante un juicio y pensamiento claros, y que es capaz de calmar, apaciguar y dar sabiduría.

Yin Gin Ching: 易筋經

Literalmente: clásico del cambio músculo/tendón, llamado normalmente el Clásico del Cambio Músculo/Tendón. Atribuido a Da Mo hacia el año 550 A.D., está obra trata del entrenamiento Wai Dan Chi Kung para fortalecer el cuerpo físico.

Yi Shoou Dan Tien: 意守丹田

Guardar el Yi en el Dan Tian. En el entrenamiento Chi Kung, se guarda la mente en el Dan Tian para elaborar el Chi. Cuando se está haciendo circular Chi, antes de terminar hay que dirigir el Chi de nuevo al Dan Tian.

Yii Yi Yiin Chi: 以意引氣

Use su Yi (mente inteligente) para dirigir el Chi. Técnica Chi Kung. El Chi no puede empujarse, pero sí puede dirigirse. La mejor forma de hacerlo es con el Yi.

Yin: 陰

En la filosofía china, es la polaridad pasiva, negativa y femenina. En la medicina china, Yin significa deficiencia. Los órganos Yin (internos) son: el corazón, los pulmones, el hígado, los riñones, el bazo y el pericardio.

Ying Chi: 營氣

Chi Gobernador. Gobierna el funcionamiento de los órganos y del cuerpo.

Ying Kung: 硬功

Gongfu duro. Estilos marciales chinos que resaltan el entrenamiento duro del Jing.

Yuan Chi: 元氣

Chi original. El Chi creado a partir de la Esencia Original, heredada de los padres.

Yuan Jieng: 元精

Esencia original. La substancia fundamental y original heredada de los padres, se convierte en Chi original.

Yuhjeen: 玉枕

Almohada de jade. Una de las tres puertas en el entrenamiento de la Circulación Menor.

APÉNDICE B
TRADUCCIÓN DE TÉRMINOS CHINOS

楊俊敏 Yang Jwing-Ming
太极拳 Tai Chi Chuan
内劲 Nei Jing
吳文慶 Wen-Ching Wu
功夫 Kung Fu
武術 Wushu
少林 Shaolin
白鶴 Pai Huo
曾金灶 Cheng Gin-Gsao
高濤 Kao Tao
小週天 Sheau Jou Tian
淡江學院 Tamkang College
臺北縣 Taipei Hsien
長拳 Chang Chuan
李茂清 Li Mao-Ching
陳威伸 Wilson Chen
張祥三 Chang Shyang-Shan
易筋經 Yi Gin Ching
洗髓經 Shii Soei Ching
推拿 Tuei Na
按摩 Ann Mo
點穴 Dien Shiuh
武當 Wuudang
峨嵋 Ermei
禪 Charn
丹鼎道功 Dan Diing Tao Kung
密宗神功 Mih Tzong Shen Kung
形意 Hsing Yi
八卦 Ba Kua
六合八法 Liu Ho Ba Fa
坎 Kan
離 Lii

Capítulo 1

易經 I Ching
天氣 Tian Chi
地氣 Dih Chi
人氣 Ren Chi
三才 San Tsair
地理師 Dih Lii Shy
風水師 Feng Shoei Shy
算命師 Suann Ming Shy
漢 Han
梁 Liang
商 Shang
安陽 An Yang
河南 Henan
殷墟 Yin Shiu
甲骨文 Jea Guu Wen
内經 Nei Ching
砭石 Bian Shyr
周 Jou
老子 Lao Tzyy
李耳 Li Erh
道德經 Tao Te Ching
專氣致柔 Juan Chi Jyh Rou
史紀 Shyy Gi
莊子 Juang Tzyy
南華經 Nan Hwa Ching
秦 Chin
難經 Nan Ching
扁鵲 Bian Chiueh
金匱要略 Gin Guey Yao Liueh

張仲景	Chang Jong-Jiing
周易參同契	Jou I Tsan Torng Chih
魏伯陽	Wey Bor-Yang
東漢	East Han
張道陵	Chang Tao-Ling
道教	Tao Jiaw
晉	Gin
華陀	Hwa Tor
君倩	Jiun Chiam
五禽戲	Wuu Chyn Shih
葛洪	Ger Horng
抱朴子	Baw Poh Tzyy
陶弘景	Taur Horng-Jiing
養身延命錄	Yeang Shenn Yan Ming Luh
達摩	Da Mo
隋	Swei
唐	Tarng
巢元方	Chaur Yuan-Fang
諸病源候論	Ju Bing Yuan Hou Luenn
千金方	Chian Gin Fang
孫思邈	Suen Sy-Meau
外臺密要	Wai Tai Mih Yao
王燾	Wang Taur
宋	Song
金	Gin
元	Yuan
養身訣	Yeang Shenn Jyue
張安道	Chang An-Tao
儒門視事	Ru Men Shyh Shyh
張子和	Chang Tzyy-Her
蘭室密藏	Lan Shyh Mih Tsarng
李果	Li Guoo
格致餘論	Ger Jyh Yu Luenn
朱丹溪	Ju Dan-Shi
張三豐	Chang San-Feng
外丹	Wai Dan
内丹	Nei Dan
王唯一	Wang Wei-Yi
銅人俞穴針灸圖	Torng Ren Yu Shiuh Jen Jeou Twu
仁宗	Ren Tzong
南宋	Southern Song
岳飛	Yeuh Fei
虎步功	Hwu Buh Kung
十二庄	Shyr Er Juang
叫化功	Jiaw Huah Kung
保身秘要	Bao Shenn Mih Yao
曹元白	Tsaur Yuan-Bair
養身膚語	Yeang Shenn Fu Yeu
陳繼儒	Chen Jih-Ru
醫方集介	Yi Fang Jyi Jieh
汪汎庵	Uang Fann-An
内功圖説	Nei Kung Twu Shwo
王祖源	Wang Tzuu-Yuan
明	Ming
火龍功	Huoo Long Kung
太陽	Taiyang
八卦掌	Ba Kua Chang
董海川	Doong Hae-Chuan
孔子	Confucians
孟子	Mencius
儒家	Ru Jia
道家	Tao Jia
修氣	Shiou Chi
練氣	Liann Chi
安天樂命	An Tian Leh Ming
修身俟命	Shiou Shenn Shy Ming
八段錦	Ba Duann Gin
葉明	Yeh Ming
點脉	Dim Mak
鐵布衫	Tiea Bu Shan
金鐘罩	Gin Jong Jaw
外功	Wai Kung
硬功	Ying Kung
散功	Sann Kung
無极	Wu Chi
宋徽宗	Song Wei Tzong
韓拱月	Han Goong-Yeuh
程靈洗	Chen Ling-Shii
程珌	Chen Bi
許宣平	Sheu Hsuan-Pin
李道子	Li Tao-Tzu
殷利亨	Ien Li-Hen
三十七勢	San Shih Chi Shih
後天法	Hou Tian Faa
小九天	Sheau Jeau Tian
南雷集王征南墓誌銘	Nan Lei Gi Wang Jeng Nan Moo Tzu Min
明史方伎傳	Ming Shih Fan Gi Chwan
遼東懿州	Lieu Dong Yi county
全一	Chuan-Yi
君寶	Jiun-Bao

張邋遢 Chang Lar-Tar
洪武 Hung Wuu
明郎瑛七修類稿 Ming Lan Yin Chi Shou Lei Kou
玄玄 Shuan-Shuan
天順 Tian Suen
明英宗 Ming Ying Tzong
通微顯化真人 Ton Wei Sien Hua Jen Ren
馮一元 Fon Yi-Yuen
陝西 Shaanxi
陳同州 Chen Ton-Jou
温州 Wen County
張松溪 Chang Soun-Shi
海鹽 Hai Yen
葉繼美 Yeh Gi-Mei
四明 Shyh Ming
王宗岳 Wang Tzong-Yeuh
山右 San You
蔣發 Chiang Fa
河北 Hebei
陳家溝 Chen Jar Gou
懷慶府 Hwai Ching county
河南 Henan
陳長興 Chen Chang-Shen
陳有本 Chen You-Ban
耕雲 Ken-Yun
陳懷遠 Chen Hwai-Yuen
陳華梅 Chen Hwa-Mei
楊露禪 Yang Lu-Shann
李伯魁 Li Bao-Kuai
十三勢老架 Shih San Shih Lao Jiah
楊班侯 Yang Ban-Huo
楊健侯 Yang Chien-Hou
楊少侯 Yang Shao-Huo
楊澄甫 Yang Chen-Fu
吳全佑 Wu Chun-Yu
陳清萍 Chin Ching-Pin
趙堡派 Tsao Bao style
武禹讓 Wuu Yu-Larn
李亦畬 Li Yi-Yu
郝爲楨 Heh Wei-Jinn
孫祿堂 Suen Luh-Tarng
營氣 Ying Chi
衛氣 Wey Chi
調身 Tyau Shenn
調心 Tyau Hsin
調息 Tyau Shyi
調氣 Tyau Chi
調神 Tyau Shen
三寶 San Bao
三元 San Yuan
精子 Jieng Tzyy
元精 Yuan Jieng
元氣 Yuan Chi
先天氣 Shian Tian Chi
返精補腦 Faan Jieng Buu Nao
丹田 Dan Tien
鬼氣 Goe Chi
身心平衡 Shenn Hsin Pyng Herng
心息相依 Hsin Shyi Shiang Yi
李清庵 Li Ching-Yen
廣成子 Goang Cherng Tzyy
唱道真言 Chain Tao Jen Yen
黃庭經 Hwang Tyng Ching
伍真人 Wuu Jen Ren
靈源大道歌 Ling Yuan Dah Tao Ge
靜 Jing
細 Shyi
深 Shenn
長 Charng
悠 Iou
勻 Yun
緩 Hoan
綿 Mian
內視功夫 Nei Shyh Kung Fu
意守丹田 Yi Shoou Dan Tien
起火 Chii Huoo
以意引氣 Yii Yi Yiin Chi

Capítulo 2

陰 Yin
陽 Yang
意 Yi
心 Hsin
外勁 Wai Jing
守勁 Shoou Jing
發勁 Fa Jing
竅門 Chiaw Men
勞宮 Laogong

Capítulo 3

返童 Faan Torng
正呼吸 Jeng Hu Shi

反呼吸 Faan Hu Shi
尾閭 Weilu
閉肛 Bih Gang
三關 San Guan
長強 Changqiang
夾脊 Jargi
命門 Mingmen
靈臺 Lingtai
玉枕 Yuhjeen
風府 Fengfu
搭橋 Da Chyau
天池 Tian Chyr
神息相依 Shen Shyi Shiang Yi
拱手 Goong Shoou
手陽明大腸經 Hand Yangming Large Intestine
百會 Baihui
涌泉 Yongquan
懷中抱月 Hwai Jong Baw Yeuh
峨嵋大鵬功 Ermei Dah Perng Kung
托天 Tuo Tian
瓦手 Woa Shoou
靜立調息 Jing Li Tyau Shyi
大蟒軟身 Dah Maang Roan Shenn
氣沉丹田 Chi Chern Dan Tien
展胸淨身 Jaan Shiong Jing Shenn
百會貫氣 Baihui Guann Chi
左右推山 Tzuoo Yow Tuei Shan
坐腕推掌 Tzuoh Wann Tuei Jaang
大熊游水 Dah Shyong You Shoei
左右開山 Tsuoo Yow Kai Shan
老鷹撲食 Lao Ing Pu Shyr
獅子拱球 Shy Tzu Goong Chyou
白鶴亮翅 Bair Heh Liang Chyh
靜調心息 Jing Tyau Hsin Shyi
白鶴抖翅 Bair Heh Doou Chyh
前鑽後拔 Chyan Tzuann Hou Ba
左右陰陽 Tzuoo Yow Yin Yang
坎離交媾 Kan Lii Jiau Gow
大熊拱月 Dah Shyong Goong Yeuh
活佛托天 Hwo Hor Tuo Tian
上下乾坤 Shang Shiah Chyan Kuen
錦鷄拗翅 Jin Ji Aw Chyh
回頭望月 Hwei Tour Wang Yeuh
大蟒轉身 Dah Maang Joan Shenn
上下旋盤 Shang Shaih Shyuan Parn
拱臂 Goong Bi
掤 Peng
攌 Lu
擠 Ghi
按 An
轉球 Joan Chyou
雲手 Yun Shoou
斜飛勢 Xie Fei Shih
撇身捶 Pieh Shenn Chui
踩腿 Tsai Tuei
摟膝拗步 Lou Hsi Yao Bu
倒攆猴 Dao Nien Hou
蛇身下勢 Sher Shenn Shiah Shih
金鷄獨立 Jin Ji Du Li

Apéndice A

四川 Szechuan
蔣介石 Chiang Kai-Shek
南京中央國術館 Nanking Central Kuoshu Inst.
陳博 Chen Bor
武藝 Wuyi
武功 Wukung
湖北 Fubei
岳家鷹爪 Yeuh's Ien Jao